성경적 세계관으로 본

학문과 신앙 및 삶의 통합

성경적 세계관으로 본
학문과 신앙 및 삶의 통합

지은이 | 최용준
펴낸이 | 원성삼
표지 디자인 | 안은숙
펴낸곳 | 예영커뮤니케이션
초판 1쇄 발행 | 2025년 1월 20일
등록일 | 1992년 3월 1일 제2-1349호
주소 | 03128 서울특별시 종로구 대학로3길 29, 313호(연지동, 한국교회100주년기념관)
전화 | (02)766-8931
팩스 | (02)766-8934
이메일 | jeyoung_shadow@naver.com
ISBN 979-11-89887-91-9 (93230)

값 13,000원

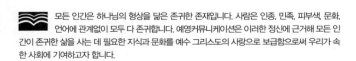

모든 인간은 하나님의 형상을 닮은 존귀한 존재입니다. 사람은 인종, 민족, 피부색, 문화,
언어에 관계없이 모두 다 존귀합니다. 예영커뮤니케이션은 이러한 정신에 근거해 모든 인
간이 존귀한 삶을 사는 데 필요한 지식과 문화를 예수 그리스도의 사랑으로 보급함으로써 우리가 속
한 사회에 기여하고자 합니다.

성경적 세계관으로 본 ——

학문과 신앙 및
삶의 통합

최용준 지음

예영

본서는 그리스도인이 어떻게 학문과 신앙 그리고 삶을 통합할 것인가 하
는 주제에 초점을 맞춘 책이다. 필자는 지난 십여 년간 한동대학교에서 '학
문과 신앙의 통합'이라는 과목을 강의해 왔다. 크리스천이라고 하면서도 자
신의 전공과 신앙을 분리하는 이원론적 세계관을 가진 학생들이 많았기 때
문이다. 가령 고등학교에서는 진화론이 진리인 것처럼 배웠지만 교회에서
는 창조주 하나님을 경배했다. 그러니 대학에 들어와서도 전공과목과 신앙
은 별개였으며 왜 통합해야 하는지 모르는 경우가 대부분이었다. 이에 대해
필자는 학문과 신앙은 갈등 관계나 독립적인 관계가 아니라 하나님의 주권
아래에서 통합하는 것이 당연함을 강조해왔다.

이를 위해 그동안 사용해 온 주교재는 해리스(R. A. Harris)가 지난
2004년에 출판한 『The Integration of Faith and Learning: A Worldview
Approach』를 필자가 한국어로 번역하여 『신앙과 학문의 통합: 세계관적
접근』이라는 제목으로 2013년에 예영에서 출간한 것이다. 하지만 이 교재
를 사용하면 할수록 학생들이 그 내용을 어려워하는 것을 보면서 더욱 쉬운
주교재를 저술해야 할 필요성을 느끼게 되었다.

2024년 가을에 연구 학기를 맞이한 필자는 본 교재를 집필하게 되었다. 그동안 이 주제와 관련하여 발표한 논문들을 취합한 후 전체적으로 수정 보완하여 이번에 출간하게 된 것이다.

제1장은 학문과 신앙의 관계에 관한 네 가지 모델(갈등, 독립, 대화, 통합)을 설명한 후 통합 모델에 대해 더 자세히 기술했다.

제2장은 네덜란드 법학자 흐룬 판 프린스터러(Groen van Prinsterer)의 성경적 세계관과 그의 생애에 관한 고찰이다. 흐룬은 시대정신에 휘둘리지 않고 기독교적 세계관에 굳게 서서 모범을 보이며 그의 후계자인 아브라함 카이퍼에게 큰 영향을 남겼으므로 그의 사상을 이해하는 것은 매우 중요하다.

제3장은 아브라함 카이퍼(Abraham Kuyper)의 학문과 신앙의 통합에 관한 내용이다. 특히 그의『칼뱅주의 강연』 4장에서 '칼뱅주의와 학문'에 관해 행한 강의 내용을 중심으로 기술하였다.

제4장은 아브라함 카이퍼의 국가관에 관한 고찰이다. 이것은 그가 말년에 저술한 대작『반혁명 국가학(Antirevolutionaire Staatkunde)』을 중심으로 그가 국회의원과 수상직을 역임하면서 어떻게 자신의 정치학과 신앙을 통합하는 삶을 살려고 노력했는지를 볼 수 있다.

나아가 제5장은 카이퍼의 후계자라고 할 수 있는 헤르만 도여베르트(Herman Dooyeweerd)의 학문과 신앙의 통합에 관한 내용이다. 도여베르트는 특히 그의 이론적 사고의 선험적 비판(transcendental critique of theoretical thought)을 통해 학문이 어떻게 성립 가능한지를 밝힌 후 그것이 신앙과 불가분리적임을 매우 설득력 있게 보여준다.

제6장은 도여베르트를 계승한 헨드릭 반 리센(Hendrik Van Riessen)의 학문과 신앙의 통합 그리고 그의 기독교 대학에 관한 사상을 고찰한다.

마지막으로 제7장은 독일 나치 시대에 기독 법률가로 활동했던 로타 크라이식이 자신의 신앙과 법학을 통합하면서 장애인들의 생명을 구하기 위해 노력한 것과 동시에 2차 세계대전 이후 독일교회를 통해 전후 세대가 독일이 침략한 국가에 가서 진정한 용서를 구하고 희생자들과 생존자들을 섬김으로 화해를 실천하고자 한 그의 노력을 고찰한 것이다.

본서를 통해 우리가 모두 하나님 나라의 백성답게 학문과 신앙 그리고 삶을 통합함으로 "다 하나님의 아들을 믿는 것과 아는 일에 하나가 되어 온전한 사람을 이루어 그리스도의 장성한 분량이 충만한 데까지 이르"게(에베소서 4장 13절) 되기를 바란다.

한동대학교 캠퍼스에서
저자

성경적 세계관으로 본 학문과 신앙 및 삶의 통합

| 목 차 |

제1장

학문과 신앙의 관계: 네 가지 모델

본 장은 『행복한 부자연구』 2015년 6월, 제4권 제1호(통권 제7호) 57-83에 "학문과 신앙: 그 관계성에 관한 고찰"이라는 제목으로 실린 논문과 『신앙과 학문』 2014년 9월, 제19권 제3호(통권 60호), 185-212에 "과학과 신학의 관계: 네 가지 유형 및 도예베르트의 대안적 고찰"이라는 제목으로 실린 논문을 수정, 보완한 것이다.

I. 서론: 학문과 신앙은 불편한 관계인가?

학문과 신앙의 관계, 이것은 그리스도인이면서 공부하는 학생이거나 기독학자라면 누구나 한 번쯤 고민하는 주제일 것이다. 물론 이 주제는 신앙이 있지 않은 학자들에게도 매우 중요한 쟁점이 될 수 있다. 그러나 이 주제는 다루기가 그리 쉽지 않아 흔히 더는 생각하지 않거나 연구를 포기하기도 한다. 하지만 이것은 여전히 많은 학자에게 매우 심각한 관심사이다. 특히 그리스도인으로서 학업과 연구에 종사하는 사람들에게는 가장 기본적이며 중심되는 이슈이다. 이 주제는 20세기 후반부터 바버(Barbour, 1971), 피콕(Peacocke, 1981), 데이비스(Davies, 1984), 엘리스(Ellis, 2004) 그리고 폴킹혼(Polkinghorne, 1994, 1998, 2007) 등 여러 학자에 의해 중요한 학문적 관심사로 부상하고 있다. 또한, 템플턴(Templeton) 상이 이 주제를 연구한 학자에게 수여되면서 이 분야의 연구를 더욱 촉진했다고 할 수 있다.

역사적으로 볼 때 양자의 관계는 크게 네 가지로 분류할 수 있다. 첫째, 양자는 서로 대립적이며 갈등을 일으킨다고 보는 견해다. 반면에 둘째로 학문과 신앙은 각각 독립된 영역이 있다고 주장하는 관점이다. 셋째로 신앙과 학문은 서로 이해관계가 중복됨으로 대화할 수 있다고 하는 이론이 있고 마

성경적 세계관으로 본 학문과 신앙 및 삶의 통합

지막으로 양자는 원칙적으로 통합될 수 있다고 생각한다.

그렇다면 과연 어느 입장이 가장 설득력이 있는가? 학문과 신앙은 결코 만날 수 없는 평행선인가? 그러므로 양자의 관계를 논하는 것은 무의미한가? 아니면 서로 긴밀한 관계를 맺고 있는가? 긴밀한 관계가 있다면 그것은 과연 구체적으로 어떤 형태인가?

역사적으로 볼 때 양자의 관계에 관해 바버(Ian Barbour)와 호트(John Haught)의 선행 연구를 주목할 만하다. 양자 모두 네 가지 모델로 나누었으나 바버는 본 장에서 표현한 대로 갈등, 독립, 대화 및 통합 모델로 분류했지만(Barbour, 이철우 역, 2002) 호트는 이 네 가지 입장을 모두 영문자 C로 시작하는 분류법을 제시하여 갈등(Conflict), 대조(Contrast), 접촉(Contact) 및 긍정 확인(Confirmation) 이론으로 표현했는데(Haught, 구자현 역, 2003) 내용은 거의 같다고 볼 수 있다. 여기서 필자의 입장은 학문과 신앙은 독자 영역이 있지만 상호 긴밀하게 연결되어 있으며 결국 통합되어야 한다는 것이다. 독자적이란 학문의 대상이 이 세상의 다양한 면들을 탐구하는 반면 신앙은 절대자와의 인격적 관계에 초점을 맞추기 때문이다. 동시에 상호 연결되어 있다는 것은 학문 활동도 신앙을 그 뿌리로 한다는 면에서 그렇다.

본 장에서는 이 주제를 보다 체계적으로 다루어 보고자 한다. 그러기 위해서 먼저 학문이란 무엇이고 신앙이 무엇인지를 살펴보겠다. 그러고 나서 학문과 신앙과의 관계를 네 관점에서 고찰한 후 학문과 신앙이 통합되어야 한다면 그 근거가 무엇인지 생각해 보겠다. 그 후 기독교적 학문의 특징을 간략히 살펴본 후 성경적 세계관에서 본 학문과 신앙의 관계를 정리하고 그것을 실제로 실천한 대표적인 세 학자, 즉 아브라함 카이퍼(Abraham Kuyper, 1837-1920)와 헤르만 도여베르트(Herman Dooyeweerd, 1894-1977) 그리고 헨드릭 반 리센(Hendrik Van Riessen, 1911-2000)의 사상을 간략히 살펴본 후 결론을 맺겠다.

II. 학문과 신앙: 그 관계의 본질을 찾아서

1. 학문이란 무엇인가?

학문이란 우선 인간의 지성적 활동이라고 말할 수 있다. 한자로 배울 학 (學)자를 분석해 보면 어린아이(子)가 가르침(敎)을 받아 무지에서 벗어난 다는 뜻이며, 문(問)이란 물을 문자로 입 구(口) 자와 문 문(門) 자로 이루어 져 있다. 말이 나오는 입과 사람이 드나드는 문이 합하여 만들어진 이 글자 는 입[말]을 통해 나오고 들어감을 묻는다는 뜻이다. 그러므로 무엇인가를 묻는다는 것은 어떤 현상에 대해 사리에 맞도록 따져 들어오고 나감을 정확 하게 안다는 의미가 담겨 있다. 그러므로 학문하기 위해서는 이성적 활동이 필요하다.

라틴어의 scientia에서 나온 영어의 science도 지식을 추구하는 인간의 행동임을 암시하며, 독일어의 Wissenschaft와 네덜란드어의 wetenschap 도 모두 '안다(wissen, weten)'라는 동사의 명사형이다. 헬라어의 επιστήμη 도 지식 또는 인식과 관련되어 있음을 암시하고 있다. 또한 공부(工夫)라는 단어도 무엇인가를 위해 열심히 노력하고 애쓴다는 의미가 담겨 있고 영어 의 study도 라틴어의 studeo(동사), studeum(명사)에서 나왔는데 노력한다 (make effort), 추구한다(pursue)는 뜻이다. 헬라어의 zetesis, zeteo와 히브 리어 chaqar(전도서 12:9)는 '탐구한다'를, lahag(전도서 12:12)도 '연구한다' 는 의미다. 일본어의 '변쿄(勉强)'도 같은 의미다.

학문의 발생은 인간의 사유 능력에 기인한다. 인간이 동물과 다른 점은 여러 종류의 질문들을 던지고 그 질문들에 답하기 위해 사색하고 연구한다 는 것이다. 그 연구의 결과물을 학문이라고 할 수 있다. 따라서 학문에도 여 러 종류가 있다. 인간과 사회를 탐구하는 인문, 사회 학문이 있고, 자연 현

성경적 세계관으로 본 학문과 신앙 및 삶의 통합

상을 연구하는 자연 학문이 있다. 이 자연 학문은 실험으로 증명되어야 하며 실증된 사실은 어떤 경우에도 동일하게 예측, 적용될 수 있어야 한다. 인문, 사회 학문도 자연 학문과 같은 정도로 실증하기는 어렵지만, 어느 정도 객관성이 있어야 한다. 나아가 논리학, 수학 등과 같은 순수 학문 이외에 적용을 강조하는 응용 학문도 있다.

따라서 학문이란 현실 가운데 한 분야에 대한 조직적이고도 논리적으로 분석하고 종합하여 하나의 지적 체계를 세워 법칙들을 연구하고 활용하는 활동이라고 할 수 있다. 순수 학문은 그 법칙들을 연구하지만, 응용 학문은 그것을 실제 생활에 적용하는 것에 중점을 둔다. 또한, 학문이란 보편타당한 지식 체계, 혹은 그 탐구 과정이라고 말할 수도 있는데 이 지식 체계는 다른 말로 진리(Veritas)라고 할 수도 있다. 그래서 유명한 대학의 표어에는 '진리'라는 단어가 많이 들어가 있는 것을 알 수 있다. 가령 미국의 명문 하버드 대학의 원래 표어는 Veritas Christo et Ecclesiae(그리스도와 교회를 위한 진리)였다가 나중에 Veritas(진리)가 되었으며 한국의 서울대학교 표어도 Veritas Lux Mea(진리는 나의 빛)임을 알 수 있다.

2. 신앙이란 무엇인가?

그렇다면 신앙이란 무엇인가? 한마디로 절대자와의 관계라고 할 수 있다. 종교(religion, 宗敎)라는 말의 한자는 '절대자를 섬기는 가르침'이라고 할 수 있다. 서양 언어는 거의 같은 단어를 사용하는데 관계(religio)라는 말에서 나온 것으로 인간은 누구나 불완전하므로 절대자를 추구하려는 종교적 본성이 있음을 암시한다. 이러한 종교적 본성을 칼뱅은 우리 안에 있는 '신적 의식(sensus divinitatis)' 또는 하나님께서 우리에게 심어 놓으신 '종교의 씨앗(semen religionis)'이라고 했다. 성경은 그것을 '하나님의 형상(Imago

Dei)'(창세기 1:26-27), '영원을 사모하는 마음'(전도서 3:11) 또는 '양심'(로마서 2:15) 등으로 말한다. 하나님의 형상이란 우리 인간이 하나님과 닮아 서로 통하는 부분이고, 영원에 대한 의식을 통해 하나님의 영원하심을 느끼게 되며, 양심을 통해 살아계신 하나님의 법을 따라야 한다는 도덕의식을 갖게 된다.

이러한 신앙은 물론 성경적 하나님이 아닌 다른 대상과의 관계가 될 수도 있다. 하지만 성경은 그것을 우상이라고 한다. 왜냐하면, 그것은 절대적인 것이 아닌 이 세상의 상대적인 무엇을 절대화하기 때문이다. 그런데 이것은 결국 문제를 일으킨다. 그 이유는 하나님의 자리에 하나님이 아닌 피조물이 차지하는 순간 창조 질서가 왜곡되며 하나님의 형상인 인간도 그 절대화한 형상의 형상(image of image)으로 전락해 버리기 때문이다. 그러므로 진정한 신앙은 참되신 하나님을 바로 알고 믿으며 그분만을 온전히 섬기는 것이다. 그리고 하나님의 말씀에 온전히 순종하며 응답하는 것을 뜻한다. 즉 하나님과 올바른 관계를 맺으며 살아가는 것이며 긍휼이 풍성하신 하나님을 신뢰하며 복음에 소망을 두는 것이고 자신의 영혼을 죽으시고 부활하신 구주께 의뢰하면서 그분만을 온전히 의지하는 것이 신앙의 본질이다.

3. 학문과 신앙의 관계: 네 가지 모델

학문과 신앙의 관계에 관해서는 크게 네 가지 모델이 있는데 하나씩 간단하게 살펴보겠다.

1) 갈등 모델(Conflict model)

첫 번째 모델은 양자가 서로 갈등 관계에 있다고 보는 관점이다. 이 모델

성경적 세계관으로 본 학문과 신앙 및 삶의 통합

의 기원은 초대 교회 시대로 거슬러 올라간다. 가장 대표적인 예는 서방 교회 또는 라틴 기독교의 아버지라고 불렸던 터툴리안(Quintus Septimius Florens Tertullianus)이다. 그는 소위 "아테네가 예루살렘과 무슨 상관이 있느냐"고 반문하면서 학문, 특히 그리스 철학과 신앙은 아무 관계가 없으며 오히려 영적인 대립 관계에 있다고 주장했다. 그러면서 신앙은 불합리하므로 오히려 믿는 것이라고 강조하면서 세속 학문에 대해 매우 부정적인 태도를 보였다.

근대에 와서 이러한 갈등 이론이 나오게 된 배경은 무엇보다 계몽주의(Enlightenment) 시대에 과학이 눈부시게 발전하였기 때문이다. 그러면서 과학자들은 점차 계시에 기초한 신앙적 진리를 의심하기 시작했다. 나아가 과학은 점점 더 절대화되어 가장 신뢰할만한 지식을 획득하고 진리를 얻게 되는 유일한 방법으로 인정하게 되는 소위 '과학주의(scientism)'와 프랑스의 사회학자 콩트(Auguste Comte, 1798-1857)를 중심으로 한 '실증주의(positivism)'를 낳게 되었다(최용준, 2024: 97-123). 따라서 과학으로 알 수 없는 것은 실체가 아니라고까지 주장하게 되어 결국 신앙이 전제하는 신적 존재까지도 의심하게 되었고 과거의 모든 전통이나 미신 또는 신앙적 주장들도 이성에 의해 재검토해야 한다고 주장했다.

나아가 이러한 이성 주도적 학문 및 기술의 눈부신 발전은 인본주의적이며 낙관주의적 역사관을 낳아 인류의 모든 문제를 인간의 과학과 기술의 힘으로 해결하여 유토피아를 건설할 수 있다고 하는 무한한 진보신앙을 가지게 되었다. 이렇게 코페르니쿠스(Nicolaus Copernicus)의 지동설로부터 다윈(Charles Darwin)의 진화론에 이르기까지 과학이 달성한 수많은 업적은 세계관 및 인간관까지도 근본적으로 바꾸어 버렸다. 이제 지구는 더 이상 우주의 중심이 아니며 인간도 하나님의 형상이 아니라 하나의 단세포 생물에서 진화되었다고 보게 된 것이다.

또한, 과학은 성경에 나타난 초자연적 기적들을 자연법칙에 어긋난다고 하여 부정하게 되었다. 그리하여 동정녀 탄생, 부활 등은 모두 거부되었고 나아가 초월적 창조주나 신적 섭리도 믿을 수 없게 되었다. 이러한 학문관은 결국 기계적이며 결정론적이고 물질 중심적 세계관인 자연주의(naturalism)를 낳게 되었다(Sire, 2009; 김헌수 역, 2007: 75-105; 최용준, 2020: 81-106). 즉, 이 세계는 하나의 거대하고도 정교한 기계에 불과하며 이 기계는 정해진 법칙을 따라 움직여 가는 것일 뿐이고 원인과 결과는 있어도 의미는 없다. 따라서 여기에는 인간의 자유나 가치를 더는 논할 수 없게 되었다. 이러한 생각은 결국 카를 마르크스(Karl Marx)의 사적 유물론과 공산주의 이론을 낳게 된 것이다.

또한, 이 갈등 이론은 미국의 과학자 드레이퍼(John W. Draper)와 화이트(Andrew D. White) 등에 의해서도 주창되었는데 먼저 1870년대 초에 드레이퍼는 종교와 학문 간 갈등의 역사에 관해 책을 출판하였다. 여기서 그는 특별히 가톨릭교회의 교황 무오성 교리 및 반지성주의에 대해 강하게 비판했지만, 이슬람과 개신교는 과학과 큰 갈등이 없다고 주장했다(Draper, 1874). 화이트는 이 주제에 대해 30년 동안 연구한 후 과학에 대한 기독교의 제한적이며 독단적인 행태에 대해 비판하고 있다(White, 2004).

그래서 이러한 갈등 모델을 소위 "드레이퍼-화이트 논제(the Draper-White Thesis)", "전쟁 논제(the Warfare Thesis)" 또는 "전쟁 모델(the Warfare Model)"이라고 한다. 즉 학문과 신앙은 지구가 평평하다는 주장이나 갈릴레오(Galileo Galilei) 사건과 같이 지금까지도 그랬고 앞으로도 계속해서 서로 적대적으로 될 것이라고 본다. 이런 입장은 지금도 많은 지지층을 확보하고 있다. 가령 코인(Jerry Coyne) 및 타이슨(Neil D. Tyson)등 미국의 일부 과학자들도 학문과 신앙은 병립할 수 없다고 주장했는데 가령 타이슨은 뉴턴(Isaac Newton)이 해결되지 않은 과학적 이슈들에 대해 종교적인 해답들을 받아들이지 않았다면 훨씬 더 많은 업적을 쌓을 수 있었을 것이라고 주장했다(en.wikipedia.org/wiki/Conflict_thesis).

그렇다면 이 갈등 모델의 문제는 무엇인가? 그것은 이 학문관이 결국 무신론으로 귀결된다는 것이다. 이에 대해 근본주의적 신학자들은 이 주장을 거부하면서 참된 과학은 성경과 모순되지 않는다고 보았다. 즉 진화론은 창조론과 어긋나기 때문에 받아들일 수 없었고 따라서 신앙과 진화론적 과학은 서로 부딪힐 수밖에 없고 화해할 수 없는 갈등 관계이다. 그런데 사실 근대 학문이 낳은 무신론적 자연주의라고 하는 세계관 자체는 이미 학문을 초월하는 것이다. 나아가 이러한 과학과 기술의 눈부신 발전에도 불구하고 인류는 무시무시한 제1, 2차 세계대전의 비극을 경험한 후 이전까지 가지고 있던 단순한 낙관론과 과학주의라는 우상을 버리게 되었다. 그런 점에서 이 갈등 이론은 새로운 국면을 맞이하게 되었다.

2) 독립 모델(Independence model)

이 갈등 모델의 문제점을 극복하기 위한 대안으로 제시된 이론이 독립 모델이다. 즉 학문과 신앙은 별개의 영역이라는 것이다. 학문은 자연 현상의 작용을 다루며 신앙은 초자연적이고 초 경험적 현상들 및 가치와 삶의 궁극적 의미를 다룬다고 본다. 따라서 양자 간에는 전혀 연결점이 없고 갈등이 일어날 필요도 없다고 보는 것이다.

독일의 칸트(Immanuel Kant)가 대표적 철학자로 대륙의 합리론과 영국의 경험론의 약점들을 보완하면서 그의 인식론을 발전시켜 실재를 현상계(Phaenomenen/Erscheinung)와 초현상계(Noumenon) 또는 물자체(Ding an sich)로 나누어 전자는 과학의 영역으로, 후자는 초자연적 영역으로 이원화했다. 현상계는 우리가 느낄 수 있는 자연계를 의미하며 초현상계는 궁극적인 원인 및 사물의 진정한 성질을 다루는데, 확실한 지식은 오직 현상계에서만 가능하였고 초자연적이거나 도덕법에 해당하는 내용은 신앙의 영역으로 분리하여 이원론적 견해를 유지함으로써, 신학의 속박과 간섭으로부터 과학을 온전히 해방할 수 있다고 믿었다.[1] 하지만 그 결과 과학은 물질의 영역으로 제한되어 결국 포이어바흐(Ludwig A. von Feuerbach)와 같은 무신론적 물질주의(materialism)를 낳았으며 그의 사상은 나중에 마르크스에게 영향을 주게 되었다.

이와 같은 맥락에서 미국의 과학자 굴드(Stephen J. Gould)는 "양립 이론(non-overlapping magisteria: NOMA라고도 불림)"을 주장했다(Gould, 1999). 즉, 학문과 신앙은 근본적으로 인간 경험의 다른 면들을 다루기 때문에 각자의 영역이 있고 따라서 공존할 수 있다는 것이다. 영국의 철학자 스테이스(Walter T. Stace)도 종교 철학적 관점에서 같은 견해를 밝힌다. 즉 그는 학문과 신앙은 각자의 영역에서 나름대로 일관성이 있고 완전하다고 보는데 그 이유는 경험을 해석하면서 과학은 서술적이지만 신앙은 규범적이며 과학은 사실의 세계를 다룬다면 신앙은 당위의 세계를 다루고 과학은 방법(how)을, 신앙은 이유(why)를 다룬다고 보기 때문이다(Stace, 1952). 따라서 양자가 자기 영역을 지키지 못할 때 혼란이 생기는데 그 대표적인 사건이 갈릴레오 재판이라고 본다. 또한, 영국의 성공회 대주교였던 합굿(John Habgood)도 양자를 구분하여 전자는 '기술적(descriptive)'이지만 후자는 '규범적(prescriptive)'임을 지적하면서 만약 과학과 수학이 당위적인 면을 다룬다면 매우 이상한 결과를 낳게 될 것이며, 반대로 윤리와 신학이 서술적인 면에만 머문다면 이 세상을 올바르게 이해할 수 없을 것이라고 주장했다

---

1   중세 시대의 토마스 아퀴나스도 이성 및 과학의 영역인 자연과 신앙 및 계시의 영역인 은혜를 이원론적으로 구별하였으나 그에게 있어서는 과학이 신학에 종속되었다는 점에서 칸트와 다르다고 말할 수 있다.

성경적 세계관으로 본 학문과 신앙 및 삶의 통합

(Habgood, 1964: 11, 14-16, 48-55, 68-69, 90-91, 87).

신학자 중에는 바르트(Karl Barth), 브룬너(Emil Brunner), 불트만(Rudolf Bultmann) 및 니버(H. Richard Niebuhr)가 이러한 태도를 보인다. 이들의 신정통주의적이며 실존주의적인 신앙은 칸트와 키엘케골(Soeren A. Kierkegaard)의 영향을 받아 이 세상을 사실, 법칙 및 결정론의 영역과 가치, 의미, 목적 및 자유의 영역으로 구분하면서 신학은 하나님과의 도덕적이고 종교적 경험을 해석하는 학문으로 간주하였다. 따라서 학문은 신앙과 모순되지도 않고 신앙을 지원하지도 않는다는 것이다. 물론 신앙도 학문의 발견에 대해 질문을 던질 수 없다. 하지만 이런 경우 신학도 더는 성경을 문자적으로 받아들이지 않으려 한다. 성경은 과학적인 책이 아니며 창세기는 단지 도덕적, 종교적인 진리를 담고 있는 신화로 보고 창조를 하나의 긴 진화 과정으로 보려 한다. 나아가 동정녀 탄생이나 부활 등 성경에 나타난 많은 기적은 과학과 모순되기 때문에 부인한다.

여기서 중요한 것은 학문이 세상에 대해 무엇이라고 말하든 신앙에 별로 중요하지 않다고 생각하는 점이다. 19세기와 20세기 초에 지배적인 학문이론은 물질주의적, 기계적이었다. 따라서 자연에는 더는 자유, 의미 그리고 가치의 영역이 없었다. 하지만 20세기 학문은 상대성 이론, 양자 역학, 불확정성 등이 지배하면서 더는 하나의 세계관을 믿지 않는다. 신학도 더 이상 과학을 그 기초로 보지 않고 그것에 의해 위협받지도 않는다. 따라서 신학은 어떤 학문이론에도 무관심하며 다만 의미와 목적을 추구하는 헌신적 결단 및 도덕적 의미만 탐구하므로 결국 학문과 신앙은 상호 독립적이라는 것이다. 스코틀랜드의 토렌스(Thomas F. Torrance)는 신정통주의적 신학을 더욱 발전시켜 신학은 그 중심 주제가 하나님이라는 점에서 독특하며 독단적 또는 실증적이면서 독립적인 학문으로 그 자체적인 법칙에 따라 발전되는 반면, 과학에서는 이성과 실험을 통해 이 세상의 구조를 드러낼 수 있다고 주장하고 아인슈타인의 양자물리학적 해석을 지지하며 과학과 신학 모두에서 실재론적 인식론을 변호한다(Torrance, 1969: 281).

하지만 이 모델도 비판을 받고 있다. 학문은 매우 추상적이고 철학적이기도 한 수학과 밀접한 관련이 있지만, 신앙은 일상적인 삶과도 연결되어 있기 때문이다. 과학철학자인 쿤(Thomas S. Kuhn)도 학문이란 문화적 전통에서 나타나는 패러다임에 의해 구성된다고 주장하는데 이는 신앙과 무관하다고 할 수 없다(Kuhn, 1962). 폴라니(Michael Polanyi: 1891-1976)도 학문적 지식이 보편성에 대한 헌신에 불과하고 많은 학문 방법에 대한 개념에서 발견되듯이 객관적 중립과는 거리가 멀다고 보았다(Polanyi, 1958). 나아가 그는 모든 지식은 개인적이며 따라서 학자가 학문하는 행위도 개인적인 작업을 수행하는 것이며 신앙이 말하는 도덕적 헌신을 요구한다고 주장한다(Polanyi, 1946, 1958). 바버 또한 신정통주의적 신학을 한편 긍정적으로 보면서도 그리스도의 구속은 창조를 무시하지 않으며 우리의 개인적이고 사회적인 삶이 피조계 전체와 분리되지 않고 종교적 전통은 단지 추상적인 이념이 아니라 구체적인 삶의 양식임을 강조한다(Barbour, 2000: 36-37). 미국의 유전공학자로 무신론자였다가 게놈 프로젝트를 연구하면서 그리스도인이 된 콜린스(Francis Collins)도 양자는 분리될 수 없음을 주장하며 굴드의 입장을 비판했다(Collins, 2007: 95, 165).

나아가 이 모델은 신앙과 학문의 복잡한 상호관계를 무시하여 양자 간에 건설적인 대화와 교류를 할 수 없다. 그러나 역사적으로 살펴보면 신앙도 과학적 세계관 및 철학의 영향을 받았고 학문 또한 특정한 철학적 전제들을 이어받은 신앙적 분위기에서 탄생했음을 볼 수 있다. 결국, 이러한 신앙적 분위기는 계속해서 학문과 열린 대화를 통해 계속해서 변화되었고 이것은 세 번째 입장인 대화 모델을 낳게 되었다.

성경적 세계관으로 본 학문과 신앙 및 삶의 통합

3) 대화 모델(Dialogue model)

이 모델은 학문을 긍정적으로 보면서 신앙과 서로 관계가 있다고 보는 견해이다. 가령 터툴리안과 같은 시대에 살았던 순교자 저스틴(Justin Martyr)은 최초의 기독교 변증가라고 할 수 있는데 그는 이성도 하나님께서 주신 것이라고 주장하면서 그리스 철학의 개념을 사용하여 신앙을 설명하려 했다. 사실 요한복음도 보면 '로고스(logos)'라고 하는 희랍 철학의 핵심 개념을 도입하여 복음을 설명하는 것을 알 수 있고, 사도 바울도 아테네에서 복음을 전할 때 당시 한 시인의 말을 인용하는 것도 볼 수 있다(사도행전 17:28).

나아가 알렉산드리아 학파의 대표적인 인물이었던 클레멘츠(Titus Flavius Clemens)도 그리스 철학 전통과 기독교 교리를 연합시켜 소위 기독교 플라톤주의를 발전시키기도 했다. 또한, 그의 후계자였던 오리겐(Origen)도 플라톤의 이데아 사상 등을 지나치게 신앙에 반영하여 나중에는 이단으로 규정될 정도였다.

나아가 초대 교회사에 가장 위대한 교부로 인정받는 힙포의 어거스틴(Aurelius Augustinus Hipponensis)도 당시의 이방 학문이 신앙에 모순된다기보다는 오히려 도움이 된다고 생각하였다. 특별히 그는 플라톤(Plato)과 플로티누스(Plotinus)의 신플라톤주의 및 스토아 사상의 영향을 많이 받아 이들의 사상을 성경의 빛 아래 재해석해야 한다고 주장하였다.

캔터베리의 주교였던 안셀름(Anselm of Canterbury)도 "믿음은 이해를 추구한다"(*fides quaerens intellectum*, faith seeks understanding) 그리고 "나는 이해하기 위해 믿는다"(*Credo ut intelligam*. I believe so that I may understand)라고 말하면서, 신앙과 이성은 서로 보완하되 신앙이 우선임을 강조했다.

중세 시대의 가장 위대한 학자로 인정받는 토마스 아퀴나스(Thomas Aquinas)도 예외가 아니었다. 그는 그리스 철학자 중 아리스토텔레스(Aristotle)를 가장 중요하게 생각하면서 그의 학문과 성경적 신앙을 종합하려고 노력했다. 가령 그는 신적 계시가 없이도 인간은 많은 것을 알 수 있다고 말하면서 진리는 자연 계시, 즉 이성을 통해서 그리고 특별 계시인 성경을 믿음으로 알게 된다고 주장했다. 그러므로 신앙과 이성은 상호 보완하는 것이지 서로 모순되지 않는다는 것이다.

근대에 와서 학문과 신앙의 공존 관계를 주장한 대표적인 학자는 영국의 경험론자였던 베이컨(Roger Bacon)이라고 할 수 있다. 그는 이방의 학문도 교회에 도움을 줄 수 있다고 주장했는데 가령 광학(光學)을 통해 여러 기구를 만들어 불신자들에게는 공포감을 불러일으키면서 외적의 침입을 막는 데 활용할 수 있다고 했다.

많은 신학자가 이제는 신학 연구도 과학의 연구 결과들을 참고해야 한다는 사실을 인정한다. 나아가 적지 않은 과학자들도 그들의 이론들을 좀 더 깊이 있는 신학적 문맥에서 보고 해석하는 것이 더 바람직하다는 사실을 인정하고 있다. 그러면서 특정한 신앙이나 종교를 신봉하지 않는 과학자들도 신학과의 대화에 점점 더 많은 관심이 있다. 가령 '왜 우주는 질서 정연하게 존재하며 우리가 이해할 수 있는가?' 등의 질문은 과학이 답변할 수 없으므로 신앙의 도움이 필요하다는 것이다. 따라서 양자는 상호 대화와 협력을 통해 함께 발전해 나갈 수 있다고 생각하게 되었다. 가령 신학적 교리들도 현재 과학의 빛에 비춰보고 반대로 과학 이론들도 신앙적 요소들이 전제되어 있지 않은지 검토해야 한다는 것이다.

따라서 신학자들은 과학적 이론이나 발견에 의한 새로운 사실들에 좀 더 개방적으로 되어야 할 것이다. 이러한 과정은 신학 연구의 지속적인 발전에 여러 가지 면에서 유익할 것이다. 과학자들 또한 그들의 가정들이 신앙에

성경적 세계관으로 본 학문과 신앙 및 삶의 통합

기초해 있음을 생각해야 할 것이며 이러한 자세는 그들이 연구한 데이터를 해석하는 데 영향을 줄 것이다. 나아가 그 가정들이 바뀌면서 새로운 학문적 진보를 낳을 수도 있음을 알게 될 것이다. 따라서 양자는 상호 연구를 자극하고 격려하는 동시에 자체적인 영역을 훼손하거나 침범하지 않고 존중해야 한다는 것이다.

물론 이런 대화의 과정에서 특정한 주제들에 관해서는 갈등이 발생할 수도 있을 것이다. 그러나 전체적으로 이러한 대화는 건강하고 상호 협력을 낳게 될 것이라고 본다. 즉, 학문은 신앙이 가질 수 있는 오류나 미신을 제거할 것이며 반대로 신앙은 학문이 무의식적으로 절대화하고 있는 어떤 우상이나 전제들을 지적할 수 있다. 따라서 양자는 각기 상호 협조 및 견제하면서 함께 발전할 수 있을 것으로 본다. 이런 의미에서 대화 모델은 심지어 학문과 신앙 또는 사실과 가치의 경계를 분명히 하지 않는다. 전혀 이해관계가 없는 관찰자로 알려진 과학자들과 도덕적인 신학자들을 이원론적으로 분리하는 대신 이 모델은 한 사건에 대해 더 다양한 관점에서 볼 수 있도록 해 준다. 왜냐하면, 학문도 이 세상의 모든 것을 다 보여주지는 못하기 때문이다. 실재는 매우 다양한 차원을 가지고 있으므로 학문적 방법에 따라 모든 것을 알 수는 없다. 학문은 실재의 한 면을 떼어 내어 그 면을 다양한 기술로 실험하고 측정한다. 그러나 신앙은 이 실재 전체에 관해 관심을 가지는 것이다. 따라서 학문이 실재 전체에 대한 진리를 가져다줄 수는 없기 때문이다.

현대에 와서 이 모델을 주창한 대표적인 학자로 바버는 미국의 가톨릭 신학자인 트레이시(David Tracy)와 과학철학자 쿤, 철학자 롤스톤(Holmes Rolston) 그리고 영국에서 자연과학과 신학을 동시에 연구한 폴킹혼(John C. Polkinghorne)과 과학철학자 툴민(Stephen Toulmin)을 든다(Babour, 2000: 24-27). 그 외에 미국의 물리학자이면서 성공회 신부였던 폴라드(William G.

Pollard)와 미국의 가톨릭 신학자 호트(John F. Haught)[2], 여성 과학자이면서 젊은 지구 창조론이나 지적 설계 이론을 반대하는 스캇(Eugenie Scott) 그리고 대표적인 기독교 철학자 중 한 명인 플란팅가(Alvin Plantinga)와 변증학자 크레이그(William Lane Craig) 등을 들 수 있고 독일에는 신학자 몰트만(Juergen Moltmann)과 판넨베르그(W. Pannenberg) 등이 이러한 태도를 보였으며 영국에는 자연과학과 신학을 동시에 공부한 풀러(Michael Fuller)와 맥그라스(Alister E. McGrath) 등이 대표적 학자들이며 한국에서는 김흡영을 들수 있다(김흡영, 2006).

가령 폴라드는 인간의 학문적 지식은 객관적이고 공적이지만 신앙적 지식은 주관적이며 개인적이라는 생각은 매우 잘못된 편견임을 지적했다(Pollard, 1961: 11-13, 61-62). 나아가 폴킹혼 역시 과학과 신학의 대화를 시도한 영국의 대표적 학자로 자신의 대화 원리를 '공명론(consonance)'이라고 부르는데 여기서 공명이란 "세계에 대한 학문적 설명과 신앙적 이해가 지속해서 서로를 심화시키고 상대방으로 인해 자신이 새롭게 조명되는 관계"를 의미한다(Polkinghorne, 1998: 67-68). 그는 과학과 신학 모두 하나의 신과 우주를 전제하며 학문이 탐구한 실재와 신이 창조한 우주는 서로 일치한다고 본다. 그러므로 신앙과 학문은 함께 대화하는 것이 우주에 관한 더욱 적합한 이해를 제공할 수 있다는 것이다.

이러한 대화 모델은 학문과 신앙의 장단점을 상호 보완한다는 면에서 바람직하게 보이지만 어떤 경우에는 타협을 위해 성경적 진리를 양보하려는 경향도 있다. 가령 진화론을 수용하여 유신론적 진화론 또는 창조적 진화론 등을 수용하는 견해도 있다. 이런 부분을 극복하기 위해 통합 모델을 제시

---

2 호트의 입장은 대화 및 통합을 아우른다고 보는 것이 더 정확할 것이다(Haught, 1995). 호트의 책에 대한 조현철의 서평, "자연과학과 종교의 바람직한 관계", 「신학과 철학」 2009, 제15호 가을 참조. hompi.sogang.ac.kr/theoinst/journal/journal_15/15-6.pdf

성경적 세계관으로 본 학문과 신앙 및 삶의 통합

하는 학자들이 있는데 마지막으로 이 모델을 살펴보겠다.

4) 통합 모델(Integration model)

프랑스의 떼이야르 드 샤르댕(Teilhard de Chardin)은 신앙과 학문을 화해시키려 노력하였는데, 그는 순전히 물질적인 관점에서 관찰하는 당시 학문의 흐름과는 대조적으로 물질과 정신이 상반되는 것이 아니라 실체의 '외면'과 '내면'이라고 주장하면서 우주는 단순한 출발점(알파 포인트)에서 시작하여 점점 복잡한 체계를 이룬 후, 정신세계로 확산하여 완성점인 '오메가 포인트'로 나아간다는 것이다. 여기서 중심은 바로 알파와 오메가이신 그리스도이다(Chardin, 1959: 250-75). 따라서 학문과 신앙도 궁극적으로 이 오메가 포인트에서 만나게 될 것이므로 함께 대화하면서 협력해야 한다고 주장한다.

영국의 역사가이며 생물학자인 바울러(Peter J. Bowler)도 학문과 신앙 간의 갈등보다 화해를 추구하여, 지적으로 보수적인 학자들과 자유주의적 신학자들 간의 협력을 강조했다(Bowler, 2001). 나아가 미국의 바버가 1966년 종교와 학문 간의 대화에 관한 책을 출판한 후부터 '종교와 학문' 그리고 '신앙과 학문'에 관한 학술지들이 발간되기 시작했다. 그 외에 미국 물리학 저널(American Journal of Physics) 및 미국 학문 저널(American Journal of Science) 등과 같은 주요 학술지에도 이와 관련한 논문들이 실리기도 했다.

네덜란드의 과학사가인 코헨(H. Floris Cohen)은 근대 학문의 발전 초기에 성경적 영향이 있었음을 주장했다(Cohen, 1994). 그는 네덜란드의 역사학자인 호이까스(R. Hooykaas)의 논제, 즉 종교개혁자들이 강조한 성경적 세계관이 그리스의 합리주의적 약점에 대한 대안이 되었음을 강조했다. 즉 하나님의 일반 은총 속에 만인 제사장설이 강조되면서 직업이 소명임을 인식하여 육체노동을 존중하게 되었고 문화 명령(cultural mandate: 창세기 1:27-28; 2:15) 하에 실험 및 경험주의를 강조하며 자연의 신성을 제거한 신관이 주요한 공헌을 했다는 것이다. 이 논리는 개신교가 근대 학문의 출현에 긍정적인 역할을 했다고 본다(Hooykaas, 1972; 손봉호, 김영식 공역, 1987).

옥스퍼드의 역사가 해리슨(Peter Harrison) 또한 성경적 세계관이 근대 학문의 발전에 매우 중요한 공헌을 했다고 주장하면서(Harrison, 1998) 개신교적 성경해석이 자연의 해석에도 영향을 주었다고 본다. 가령 창세기의 창조 및 타락 이야기가 17세기 영국의 자연 학문 발달에 영향을 주었다고 본다. 당시 학문은 인간이 타락으로 말미암아 상실했던 자연에 대한 지배를 회복하는 수단이라고 생각했다는 것이다(Harrison, 2007).

역사가이며 종교학자인 클라렌(Eugene M. Klaaren)도 창조 신앙이야말로 17세기 영국에서 학문이 출현하는데 중심적인 역할을 했다고 본다(Klaaren, 1977). 역사가 제이콥(James R. Jacob)도 17세기 성공회의 지적 변혁 및 영향력 있는 영국 학자들, 가령, 보일과 뉴턴에 대해 언급했다(Jacob, 1980). 옥스퍼드 대학의 역사가이며 신앙인이었던 브루크(John H. Brooke)는 자연 철학자들이 자연법에 대해 언급할 때, 그 법칙들은 지적인 신에 의한 입법으로 이해했다. 따라서 르네 데카르트(Rene Descartes)도 "하나님께서 자연에 심으신 법칙들"을 발견한다고 주장했으며 나중에 뉴턴도 태양계의 법칙은 "지혜롭고 전능하신 신의 섭리와 지배"를 전제한다고 선언했다는 것이다(Brooke, 1991: 19). 역사가 넘버즈(Ronald L. Numbers)도 이러한 입장이 화이트헤드에게도 영향을 주었다고 말하면서 그는 여러 약점이 있기는 하지만 기독교가 학문의 탄생에 영향을 주었다는 것은 사실이라고 인정한다(Numbers, 2007: 4, 138 n. 3). 베일러 대학교의 사회학자 스타크(Rodney Stark)도 "기독교 신학은 과학의 출현에 매우 본질적인 것이다"라고 주장했다(Stark, 2003: 123).

성경적 세계관으로 본 학문과 신앙 및 삶의 통합

III. 학문과 신앙의 통합을 추구한 학자들

그렇다면 학문과 신앙의 통합 근거는 무엇이며 이렇게 된 기독교적 학문의 특징은 어떠한가? 나아가 기독교 세계관에서 학문과 신앙의 통합을 어떻게 이해해야 하며 이를 구체적으로 시도한 네덜란드의 기독교 학자인 아브라함 카이퍼, 헤르만 도여베르트 그리고 헨드릭 반 리센의 이론은 어떠한지 아래에서 다루어 보겠다.

1. 학문과 신앙의 통합 근거

학문과 신앙이 통합되어야 하는 근거는 한 마디로 하나님의 창조적 주권 때문이라고 할 수 있다. 즉 하나님께서 이 세상의 모든 만물을 창조하셨고 지금도 다스리시며 완성하시므로(로마서 11:36a) 우리의 학문 활동도 그분의 주권 아래에 있다는 것이다.

2. 학문과 신앙이 통합된 기독교적 학문의 특징

그렇다면 학문과 신앙이 통합된 기독교적 학문의 특징은 무엇일까? 전광식은 이것을 여섯 가지로 잘 설명하고 있다. 첫째, 성경이 계시하는 삼위일체 하나님만을 실재의 최종적인 근원이며 모든 의미의 진정한 통합점인 동시에 학문의 초월적인 준거점으로 삼는다. 둘째, 성경을 하나님의 말씀으로 받는 바른 성경관에서 시작된다. 셋째, 성경을 학문체계의 직접적 또는 원리적 기초로 삼아야 한다. 넷째 신앙과 신앙적 이성 그리고 성령의 지도를 '학문함'의 기반으로 삼아야 한다. 다섯째, 하나님의 진리를 밝힘으로 인간에게 바른 지식을 갖게 해 주어야 한다. 마지막으로 여섯째 그 학문의 방향과 결과가 하나님의 영광과 이웃에 대한 섬김으로 나타나야 한다(전광식, 1998: 173-203).

이런 의미에서 성경은 분명히 우리에게 말한다. 주 하나님을 경외하는 것이 지혜와 지식, 즉 진정한 학문의 근본이라고(시편 111:10; 잠언 1:7; 9:10). 나아가 만물의 근원, 과정 그리고 궁극적인 목적이 주님께 있음을 바울도 분명히 선포하고 있다(로마서 10:36). 그러므로 학문의 기원이 하나님께 있음을 인정하고 발전 과정도 우리의 노력과 함께 성령의 인도하심에 민감하게 순종해야 하며 최종 방향 및 목표도 하나님의 영광을 드러내는 것이어야 한다.

3. 기독교 세계관으로 본 학문과 신앙의 관계

학문과 신앙의 통합이 하나님의 주권을 강조하는 성경에 근거한다면 이제 세계관적 관점에서 본 학문과 신앙의 관계를 살펴보자. 먼저 하나님께서는 우리 인간을 하나님의 형상대로 지으시고 축복하시면서 생육하고 번성하면서 세상의 모든 피조물을 잘 다스리고 보존하라는 문화 명령을 주셨다(창세기 1:26-28; 2:15). 이를 위해 아담과 하와에게는 지적 능력을 주셨다. 그래서 아담은 제일 먼저 피조물들의 이름을 짓기 시작한다. 즉 그는 창조주 하나님을 의식하면서 그분이 지으신 동물들을 먼저 관찰하고 그 동물들의 특성을 파악한 후 각자에게 맞는 이름을 지어준다. 그것은 그들을 정확히 파악(identify)한 후 올바로 다스릴 수 있기 위함임을 알 수 있다. 바로 이것이 인간 최초의 학문 활동이었다고 할 수 있을 것이다. 여기서도 우리는 신앙이 학문과 별개가 아니라 오히려 그 학문 활동의 전제가 되고 있음을 볼 수 있다.

그러나 아담과 하와가 타락한 이후 인간의 학문 활동도 죄의 영향을 받아 왜곡된다. 가령 가인의 후예들도 학문 및 문화 활동을 통해 음악, 철공 등 다양한 업적과 문명을 이루었지만, 그것은 결국 하나님의 영광과 이웃을 섬기기보다는 자신의 쾌락을 만족하게 하기 위한 것이었다. 이들의 최후 걸 작이 바로 바벨탑이었는데 이것은 거대한 도시 건설 프로젝트였다. 하지만 하나님을 떠난 인생의 모든 학문 활동 및 문화 건설은 결국 자체 내의 모순 으로 인해 혼란에 빠져 완성되지 못함을 알 수 있다. 그 이후에도 타락한 인 간은 하나님의 일반 은총(common grace)으로 많은 학문적 업적을 이루었지 만 동시에 더 큰 바벨탑을 쌓으려 했고 그 노력은 모두 실패로 돌아간 것을 볼 수 있다. 예를 들어 근대 학문이 급속도로 발달했지만 결국 20세기 초에 인류는 양차 세계대전이라는 무서운 비극을 낳게 되었다.

이러한 타락에서 우리를 구속하시기 위해 예수 그리스도께서 이 땅에 오 셨고 십자가에 돌아가시고 부활 승천하심으로 우주적 구속을 이루셨다. 따 라서 누구든지 그리스도 안에 있으면 새로운 피조물이 되고(고린도후서 5:17) 따라서 지식도 온전히 새로워진다고 바울은 말한다(골로새서 3:10). 나아가 이렇게 새롭게 된 지성은 모든 생각을 사로잡아 그리스도께 복종케 한다(고 린도후서 10:5). 그러므로 그리스도 안에서 신앙과 학문은 참된 지식과 지혜 즉 진리를 추구할 수 있다. 왜냐하면, 그리스도 안에 진정한 지식과 지혜의 보화가 감추어져 있기 때문이다(골로새서 2:3). 또한, 예수 그리스도께서는 자신이 진리가 되심을 천명했다(요한복음 14:6).

마지막으로 성경은 이러한 모든 신앙과 학문의 통합 노력이 마침내 아름 답게 완성될 것을 우리에게 보여준다. 가령 요한계시록 21장을 보면 새 하 늘과 새 땅을 배경으로 하늘로부터 내려오는 새 예루살렘이 나타나는데 이 도성에 들어가는 하나님의 모든 백성은 이 땅에서의 부분적 지식이 온전해 진다(고린도전서 13:12). 그리고 하나님을 향한 우리의 믿음과 예배도 완성될 것을 보여준다. 그새 예루살렘 도성 자체가 다양한 보석들로 단장된 것은 바로 우리가 이 땅에서 하나님의 나라를 위해 학문과 신앙이 하나 되기 위해 노력한 것들이 마침내 열매를 맺은 영광스러운 모습을 보여준다(요한계시록 21:18-21). 나아가 사람들이 민족들의 영광과 명예를 그 도성으로 가지고 들어온다는 말씀도 이 세상에서의 학문적 노력이 완성될 것을 보여준다고 말할 수 있다(요한계시록 21:26, 최용준, 2019).

4. 아브라함 카이퍼(Abraham Kuyper)

네덜란드의 신학자요 정치가이며 언론인이자 교육가였던 아브라함 카이퍼는 이 점을 가장 예리하게 인식한 학자였다. 그는 1880년 10월 20일 암스테르담(Amsterdam)에 자유대학교(Vrije Universiteit)를 설립하여 총장으로 취임하면서 시내의 신교회(新敎會, Nieuwe Kerk)에서 "영역주권(領域主權, Sovereiniteit in Eigen Kring, Sphere-Sovereignty)"이라는 제목으로 개교 연설을 했다. 이 연설에서 그는 자유대학교의 설립 이념을 한 마디로 '영역주권'이라고 정의했다(Kuyper, 1880). 이 세상의 다양한 영역은 절대 주권자이신 하나님께서 창조하셨고 따라서 개별적인 주권을 가진다. 즉 정부, 교회, 학교, 가정, 기업 등은 나름대로 주권을 가지고 있으므로 서로의 영역을 침범해서는 안 된다는 것이다. 나아가 주권이란 '그 뜻에 대항하는 모든 세력을 제거하는 능력을 행사할 수 있는 권리 및 의무'라고 설명하면서 만유의 주재이신 그리스도(골로새서 1:16)께서는 우리 삶의 모든 영역의 한 인치도 내 것이라고 외치지 않는 곳은 없다고 강조했다(Kuyper, 1880). 다시 말해, 학문의 영역도 궁극적인 주권은 주님께 있으므로 당연히 학문과 신앙은 만유를 통일하시는 그리스도(에베소서 1:10) 안에서 통합되어야 한다는 것이다.

또한, 카이퍼는 정치와 신앙을 통합한 기독 정치인이었다. 흐룬 반 프린스터러의 뒤를 이어 기독교 정당인 반혁명당(Anti-Revolutionary party) 소속

성경적 세계관으로 본 학문과 신앙 및 삶의 통합

국회의원으로 그리고 나중에는 당수로 네덜란드 수상이 되어 5년간 재직하면서(1901-1905) 사회 전반에 걸쳐 성경적 세계관을 적용하기 위해 노력하여 제네바를 개혁했던 칼뱅의 영적 후예로 네덜란드의 '칼뱅'으로 불리며 그의 사상을 신칼뱅주의(Neo-Calvinism)라고 부르기도 한다.

이러한 공로를 인정받아 카이퍼는 프린스턴 대학에서 명예박사 학위를 받았고 그 기념으로 한 유명한 연설 "칼뱅주의"에서 레이든 대학교도 자세히 설명하는데 네덜란드에서 최초로 세워진 이 대학교는 스페인 필립 2세의 학정에 대해 80년 동안 계속된 독립 전쟁이 승리로 끝난 후 시민들의 요청을 받아들인 윌리엄 1세에 의해 1574년에 칼뱅주의적 개혁 정신을 따르는 대학으로 설립되었다. 이 대학은 당시 네덜란드 개혁교회에 필요한 목회자들뿐 아니라 정부에 필요한 공무원들을 양성하는 것도 염두에 두었다. 이 사실이야말로 그리스도인들이 결코 학문을 무시하지 않고 신앙과 통합해야 함을 잘 보여주는 역사적 증거로 그는 들고 있다(Kuyper, 1931: 110-112). 하지만 나중에 레이든 대학은 자유주의 신학을 받아들였고 그 후 1876년에 법이 개정되면서 신학부는 종교학부로 바뀌었고 개혁주의 원칙을 견지하던 교수들이 더는 교수로 임명되지 않자 카이퍼는 자유대학교를 설립하여 학문과 신앙이 통합된 진정한 기독교 대학으로 세속화된 학문과 대학을 올바로 개혁하려 했다. 이를 위해 모든 학문과 삶의 분야가 그리스도의 빛과 성령의 조명을 받아야 함을 강조했다.

카이퍼는 기독교 세계관(창조-타락-구속)과 문화관(문화 명령 등)을 정립하면서 하나님의 보편 은총(common grace)에 관한 이론도 확립하여 비그리스도인들에게도 학문적 공헌이 나타날 수 있음을 인정했다. 하지만 동시에 기독교 대학과 인본주의적인 대학 간에는 근본적이고도 영적인 대립(antithesis)이 있음을 강조했다. 이는 하나님의 나라와 사탄의 나라 간에 화해할 수 없는 관계를 뜻하는데 이것을 그는 하나의 영적 전쟁으로 묘사하면서 이 과정에 여러 가지 어려움이 발생할 수 있다고 말한다. 대부분 대학이 인본주의적인데 기독교 대학을 시도하는 것 자체가 쉬운 일이 아니라는 것이다. 또한, 기독교 대학 및 학문을 한다는 것에 대해 기독 학자들 간에도 찬반 논란이 있다. 왜냐하면, 기독 학자들도 무의식적으로 인본주의적 동인에 영향을 받는 경우가 있기 때문이다. 나아가 이러한 영적 대립이 구체적 삶의 현장에서는 혼합된 형태로 나타나 분별하기가 쉽지 않다. 실제로 자유대학교도 1980년대에 들어오면서 여러 가지 이유로 기독교 대학으로서의 정체성을 서서히 상실해 가고 있음을 볼 수 있다. 하지만 카이퍼는 적어도 신앙과 학문 그리고 삶을 성경적으로 통합하려 하는 기독학자들은 누구나 한번 깊이 공부하고 배워야 할 가치가 있는 위대한 인물임은 틀림없다.[3]

5. 헤르만 도여베르트(Herman Dooyeweerd)

학문과 신앙의 통합에 대해 가장 깊은 통찰력을 보여준 학자는 네덜란드의 기독교 철학자 도여베르트라고 할 수 있다. 그는 앞서 언급한 네 모델 중 어느 하나의 입장에 치우치지 않고 학문과 신앙이 서로 독립성이 있지만 상호 연관성이 있으며, 궁극적으로 통합될 수 있음을 제시하기 때문에(Choi, 2006, 최용준, 2005 : 37-66) 양자 간의 관계를 가장 포괄적으로 설득력 있게 보여준다고 말할 수 있다. 이것을 좀 더 자세히 설명하면 다음과 같다.[4]

도여베르트 역시 칼뱅과 카이퍼의 영향을 받아 성경적 세계관에 기초하여 학문과 신앙과의 관계를 탐구하였다. 먼저 그는 창조된 피조계에서 두 가지 종류의 기본 구조, 즉 '개체 구조(individuality structure)'와 '양상 구조

---

3 더 자세한 내용은 제3장에서 다룬다.
4 더 자세한 내용은 제5장에서 다룬다.

성경적 세계관으로 본 학문과 신앙 및 삶의 통합

(modal structure)'를 구별한다. 전자는 창조로 주어진 구체적 사물의 법적 질서를, 후자는 각 사물이나 현상에서 핵심적인 내용을 가진 특정한 양상을 의미한다. 그는 자기 동료이자 자형으로 자유대학교의 철학 교수였던 폴렌호븐(D. H. Th. Vollenhoven)과 함께 실재의 양상 이론(the theory of modal aspects of reality)을 발전시켰는데 처음에는 각기 독특한 법칙들에 따라 지배받는 14가지의 '법칙 양상들(wetskringen: law-spheres, modal aspects 또는 modalities)'을 구별했으나 나중에는 15가지로 발전시켰다. 이 양상들은 수적(arithmetic), 공간적(spatial), 운동적(kinematic), 물리적(physical), 생물학적(biotic), 감각적(sensitive), 분석적(analytical), 역사적(historical), 언어적(lingual), 사회적(social), 경제적(economic), 미적(aesthetic), 법적(juridical), 윤리적(ethical), 그리고 신앙적(pistic) 양상이다. 이 양상들은 의미의 모멘트(meaning-moment)로서 예기(anticipation) 및 회기(retrospection)를 가지고 있다. 다시 말해, 이전 양상들은 이후 양상들의 기초가 되며, 이후의 양상들은 이전 양상들을 개현한다. 나아가 이 15개 양상은 상호 환치될 수 없으며(irreducible) 실재는 이러한 존재 양식의 다양성 내에서 기능한다. 즉, 각 양상은 자기의 위치가 있으며 그 자리를 다른 곳으로 옮길 수 없다. 왜냐하면, 그것이 창조의 질서요 구조이기 때문이다. 이러한 질서가 뒤바뀌게 되면 내적 모순인 배율(antinomy)이 일어나며 문제가 발생한다. 가령 사람이 떡으로만 사는 것이 아니라 하나님의 말씀으로 산다는 성경 구절을 양상 구조로 설명한다면 생물적 양상보다 신앙적 양상이 뒤에 있어 후자가 전자를 개현하는, 즉 전자를 인도하며 그 의미를 심화시키는 것이라고 말할 수 있다. 경제적 양상과 윤리적 양상을 비교할 때도 윤리적으로 잘못이라면 경제적 손해도 감수해야 한다.

도여베르트는 이 15개의 양상을 구별하면서 각 양상이 자기 위치에서 앞서 언급한 예기 및 회기를 통해 서로를 지시하고 있으며 시간 안에서 하나의 정합성(coherence)을 이루어 의미의 총체성(meaning-totality)을 지향하며 다시 이것은 만물의 기원(origin)을 지향한다고 말한다. 여기서 의미의 총체성이란 모든 현상의 다양한 면들과 양상들의 '뿌리가 되는 통일체'(root-unity)이다. 다시 말해, 모든 현상이라는 구슬들을 하나로 꿰어 초점을 맞추도록 만드는 통일점을 뜻하는데 도여베르트는 이것이 제2의 아담이며 모든 시간내적 실체의 종교적 뿌리가 되시는 그리스도에게서 발견된다고 설명하면서 각 개인은 존재의 종교적 중심 또는 집중점인 '마음'을 통해 이 의미의 총체에 참여한다고 말한다. 나아가 만물의 기원(origin)은 희랍 철학자들이 관심을 가지고 탐구했던 만물의 근원(Arche)인데 도여베르트는 이 기원은 만물을 그의 주권적인 뜻대로 창조한 창조주로서 모든 존재는 이분에게 의존한다고 본다. 하지만 창조를 부인하는 진화론도 기원에 대한 이념은 있으며 그것은 '우연(chance)'이라는 것이다.

이러한 관점에서 볼 때 각 학문은 실제의 한 양상을 논리적으로 그리고 체계적으로 연구하는 것이다. 가령 물리학을 연구하는 학자는 한 사물이나 현상에 대해 물리적인 면만 집중하여 거기에 해당하는 자료들을 모으고 체계적, 논리적으로 정리하여 물리학적 지식을 축적하고 법칙들을 연구한다. 신학은 계시인 성경에 기초하여 신앙과 관련된 각 분야(조직신학, 성경신학, 역사신학, 실천신학 등)를 논리적이고 체계적으로 정립한다. 이처럼 각 양상은 해당 학문의 대상으로 그 자신의 독특한 법칙에 따라 질서 지워지고 결정된다. 이런 의미에서 전술한 대로 도여베르트는 양상들을 '법칙 영역들'이라고도 불렀다. 따라서 상호 환치될 수 없는 각 양상의 질서를 그는 '영역주권'의 원리라고 불렀다. 이것은 그가 카이퍼의 영역주권 사상, 즉 그리스도께서 모든 영역의 주되심을 더욱 깊이 다루면서 우주론적 원리로 확장한 것이다. 또한, 각 양상은 그 양상의 특징을 규정하는 '의미의 핵(meaning-kernel)'을 가지고 있는데 가령, 생물적 양상의 의미의 핵은 생명력(vitality) 혹

성경적 세계관으로 본 학문과 신앙 및 삶의 통합

은 생명(life)이다.

하지만 이와 동시에 도여베르트는 각 법칙 영역에는 다른 양상을 지향하는 의미의 모멘트, 즉 예기와 회기가 있다고 설명하는데 이것을 통틀어 양상의 '유추(analogy)'라고 부르며 이것을 양상의 '영역 보편성(*universaliteit in eigen kring*: sphere-universality)'이라고 불렀다. 즉, 각 학문 영역은 독립적인 주권을 가진 동시에 고립되지 않고 시간 안에서 서로 연결되는 보편성을 가진 독특한 구조로 되어있다는 것이다. 가령 재판관이 법정에서 피고의 여러 상황을 고려하듯 법적 양상도 윤리적 양상을 고려하지 않을 수 없다는 것이다.

나아가 도여베르트는 궁극적으로 학문과 신앙의 주체는 인간이라는 점에서 양자는 통합될 수 있다고 본다. 그는 이것을 이론적 사고의 대립(antithesis)과 종합(synthesis)으로 설명한다. 즉 그는 학문적 사고와 지식이란 비논리적 양상들과 논리적 양상간의 대립이 이론적 종합에 의해 획득된다고 말한다. 가령 생물학은 생물적 양상과 논리적 양상이 서로 대립한 후 종합될 때 성립된다는 말이다. 그러나 이러한 이론적 종합이 일어나는 곳은 역시 인간의 중심인 마음이다. 다시 말해, 학문의 주체는 인간이며 그 중심인 마음에서 학문적 지식이라는 종합이 일어난다는 것이다. 그런데 이 마음 또한 자충족적(self-sufficient)이지 않으므로 그 궁극적 기원을 지향할 수밖에 없다. 이러한 기원이 성경적 유신론일 경우 각 학문은 그리스도 안에서 통일되지만 그렇지 못할 경우, 과학적 물질주의 등을 낳게 되며 이것은 결국 사상적 우상이 된다고 도여베르트는 예리하게 비판하는 것이다. 즉 아무리 탁월한 학문적 업적을 남긴다고 할지라도 그것을 사용하는 인간의 마음이 중요하다는 것이다. 가령 노벨이 아무리 평화적인 목적으로 연구하여 다이너마이트를 발명해도 타락한 인간은 이것을 살인적인 무기로 만들어 버리는 것이다. 따라서 도여베르트는 인간 존재의 종교적 뿌리 및 집중점으로서 '마음'의 중심적 의미를 강조한다. 이 마음은 항상 기원에 의존하며 그 기원에 대해 긍정적 또는 부정적으로 응답할 수밖에 없고 이 반응이 어떠한 가에 따라 학문의 방향성이 결정된다는 것이다. 따라서 도여베르트는 학문적 사고(思考)란 결국 의미를 부여하는 기원에 대한 끊임없는 추구라고 말한다. 따라서 진정한 학문과 신앙의 통합은 만유의 머리 되신 그리스도의 주권 아래 거듭난 인간의 지성이 하나님의 영광과 이웃을 섬기기 위해 창조 질서 및 영적 법칙들을 연구할 때 이루어진다고 본다.

이런 점에서 도여베르트는 우리의 학문 활동이 결코 중립적이지 않으며 항상 신앙적 전제에 의존한다고 주장한다. 바로 이 때문에 도여베르트는 내재적이고 인본주의적 철학 및 학문을 그토록 강하게 비판하는 것이다. 다시 말해, 그에 의하면 학문의 궁극적인 출발점은 그 학문에 내재하지 않고 그것을 초월한다는 것이다. 이것을 그는 '이론적 사고의 선험적 비판(transcendental critique of theoretical thought)'이라고 부른다(Dooyeweerd, 1984).

나아가 도여베르트는 카이퍼가 말했던 기독교적 원리와 비기독교적 원리 간의 화해할 수 없는 대립(antithesis) 사상을 계승하여, 기독교적 근본동인(根本動因, ground motive)과 비기독교적 동인들 간에는 분명한 영적 대립이 있음을 명쾌하게 지적한다. 이것은 제일 먼저 언급한 갈등 모델과 연결된다. 하지만 이와 동시에, 도여베르트는 소위 일반 은총(common grace)에 근거하여 그리스도인들과 비그리스도인들 간에 서로 대화하며 의사를 소통할 수 있는 학문적 공동체를 회복하고 유지하기를 원했다. 이러한 이유로 그는 첫 번째 주저인 『법사상 철학』(De Wijsbegeerte der Wetsidee, 1935-36)을 수정, 보완하여 학문적 사고에 필요한 조건들 또는 전제들에 관한 탐구로서 이론적 사고에 대한 선험적 비판을 발전시켰다. 그런 의미에서 그가 첫 번째 주저에서 시도했던 방법론을 '첫 번째 방법(the first way)'이라고 부르고 두 번째 주저인 『이론적 사고에 대한 신비판』(New Critique of Theoretical

성경적 세계관으로 본 학문과 신앙 및 삶의 통합

Thought, 1984)에서 그가 시도한 방법론은 '두 번째 방법(the second way)'이라고 부른다(Dooyeweerd, 1984). 전자에서는 그가 철학의 정의, 즉 의미의 총체성에 관한 탐구라는 점에서 출발하여 이론적 사고의 종교적 뿌리를 밝혔다. 하지만 문제는 이러한 철학의 정의에 대해 비기독교 철학자들이 동의하지 않는다는 것이었다. 그래서 도여베르트는 후자, 즉 이론적이고 학문적 사고 자체의 분석에서 시작하여 선험적 근본이념을 통해 종교적 뿌리 및 기원으로 나아갔다. 첫 번째 저서는 네덜란드어로 출판했지만 두 번째 저서를 영어로 출판한 이유도 더욱 넓은 학자들과 대화하기 위한 시도였다고 볼 수 있다. 이러한 의미에서 그는 학문과 신앙의 관계에 관한 네 가지 요소, 즉 갈등, 독립, 대화 및 통합을 종합적으로 아우르는 독특한 이론을 제시하였다고 말할 수 있다. 엄격히 말해 네 가지 입장이 논리적으로 공존하는 것은 불가능하다. 가령 학문과 신앙이 독립적인 동시에 통합될 수는 없기 때문이다. 하지만 도여베르트는 각 학문의 독립적인 면을 양상 구조적으로 설명함과 동시에 그 학문의 주체인 인간의 마음을 통합점으로 제시함으로 양자가 연결될 수 있음을 제시하였다.

6. 헨드릭 반 리센(Hendrik Van Riessen)

학문과 신앙의 통합에 대해 깊이 있는 통찰력을 보여준 다른 학자는 도여베르트의 제자였던 헨드릭 반 리센이다.[5] 그는 우선 학문의 본질을 하나님의 법 또는 질서를 밝히는 이성적인 작업으로 보면서 학문의 발전 단계를 숲속을 거니는 산책에 비유한다. 즉 숲에 대한 경이감에 이어 그 속에 나타난 다양한 법과 질서들을 하나씩 발견해 나가는 과정으로 설명한다(Van

---

5 더욱 자세한 내용은 제6장에서 다룬다.

Riessen, 1970: 80). 즉 학문적 지식은 창조세계라는 숲속에 담긴 다양한 현상들을 관찰하면서 선택, 판단하는 과정을 통해 법칙들을 발견함으로 획득되며 이러한 지식은 지속적인 비판적 반성 및 검증을 통해 재검토되므로 진정한 지식은 단지 사실들이 아니라 그 사실들을 연구한 결과들이며 이러한 지식이 체계화될 때 개별 학문이 성립되는 것이라고 그는 주장한다(Van Riessen, 1997: 48).

보다 구체적으로 그는 학문의 성립과정을 네 단계로 나누는데 첫째로 법과 질서를 발견하고, 둘째로 심리적이고 감각적인 요소(숲에 대한 경이와 감탄)와 분석적 요소(법칙을 발견하기 위한 태도)가 분리된 후, 셋째로 인간과 환경과의 관계에 대한 인식이 이루어지면서 구체적이면서 사실적인 지식과 실제적인 지식 그리고 학문적 지식이 획득되며, 마지막 넷째로는 그 학문적 지식을 어떤 방향으로 활용할 것인지 결정해야 한다고 말한다(Van Riessen, 1970: 81-83). 이는 양상구조이론을 통해 학문적 혹은 이론적 사고를 분석했던 도여베르트의 선험적 관점과 크게 다르지 않다. 하지만 여기서 주목해야 할 점은 반 리센이 단지 학문적 지식을 획득하는 것으로 끝나지 않고 그것을 어떻게 사용할 것인가에 대한 윤리적 방향성까지도 언급했다는 사실이다.

나아가 반 리센은 학문과 대조되는 경험에 대해서도 예리하게 분석한다 (Van Riessen, 1970: 84-86). 도여베르트는 이것을 순진 경험(naive experience) 이라고 불렀지만 반 리센은 이러한 경험이란 매우 독특하며, 현실을 전체적이고 구체적으로 수용하므로 통합적이고, 연속적인 동시에 계속 증가하면서 현실 참여적이고, 필연적이 아니라 우연적이라고 말한다. 반면에 학문은 이러한 경험에서 더 나아가 단순한 경이감(가령, 사과가 떨어지네!)과 호기심(사과는 왜 떨어질까?)에서 학문적 지식이 가능하기 위해서는 문제의식(사과는 반드시 떨어져야 하는가?)이 있어야 하며 이러한 문제에 관해 연구하여 하나의 학문적 지식(만유인력의 법칙)을 얻게 된다는 것이다. 따라서 학문적 지식은

성경적 세계관으로 본 학문과 신앙 및 삶의 통합

보편적이고 확실하며 필수적이고 현실과 거리를 둔 독립성이 있다는 점에서 경험과는 전혀 다르다고 본다. 가령, '비'는 하나의 현실이요 사실이다. '비가 온다'라는 것은 하나의 실재 현상으로 우리가 경험하는 것이다. 그러나 '비는 식물의 성장에 필요하다'라고 말하는 것은 이미 하나의 학문적 주장이라는 것이다(Van Riessen, 1970: 93).

이러한 의미에서 그는 학문의 세 가지 특성을 언급한다. 첫째로 학문이란 '체계(system)'이며 나아가 새로운 발견에 '개방된 체계(open system)'이고, 둘째로 학문적 이론의 기초는 '가설(hypothesis)'로서 학자는 이것으로 현상을 설명하려고 시도한다는 것이다. 이러한 가설은 결국 인간의 경험과도 연결되어 있으며 법 또는 질서의 표현이라고 할 수 있다. 마지막으로 학문은 '필연성(necessity)'이 있다. 필연적 일관성이 없으면 학문적 지식이라고 말할 수 없기 때문이다. 그렇다면 반 리센이 보는 철학의 역할은 무엇인가? 그는 도여베르트와 같이 철학이란 근본적으로 참된 지혜를 추구하며 모든 한계적 또는 궁극적 질문들을 다루는 동시에, 개별 학문을 연결하고 포괄하는 학문적 고리로 이해한다(Van Riessen, 1970: 12). 따라서 철학은 저수지와 같이 그 수문들을 여는 순간 각 학문의 모든 기본 질문들이 나온다고 본다(Van Riessen, 1997: 3).

나아가 그는 학문과 철학 모두 결국 신앙에 의존한다고 본다. 이를 비유적으로 신앙은 뿌리, 철학은 줄기 그리고 개별 학문은 가지라고 설명한다(Van Riessen, 1970: 27-28). 도여베르트도 이것을 자신의 선험적 비판 철학(Philosophy of transcendental critique)에서 자세히 설명하는데(Dooyeweerd, 1935-36, 1984) 반 리센은 도여베르트의 선험적 비판 철학 방법론에 대해 어느 정도는 비판적 견해를 가지고 있기는 하지만 철학과 학문이 자충족적이 아니며 종교적 신앙에 의존한다는 주장에는 전적으로 동의한다. 따라서 그도 학문 및 철학과 신앙은 불가분리적이며 이의 통합이야말로 가장 중요한 기초요 핵심 주제로 본다.

학문이 발견한 법 또는 질서를 반 리센은 하나님의 계시로 설명하면서 학문과 신앙이 상호 밀접한 관련이 있음을 주장하였고 철학 또한 종교적 뿌리가 중요함을 지적하였다. 물론 여기서 하나님의 계시는 성경에 나타난 특별 계시와 피조계에서 드러나는 일반 자연 계시 둘 다 포함한다. 학문이란 이 계시에 대해 인간이 이성을 통해 직관적으로 인식함으로 가능해지고(Van Riessen, 1981: 26) 이 인식은 언어에 의해 표현되며 학문은 언어로 나타나게 되므로 언어가 없다면 어떠한 개념 정립, 나아가 학문 활동도 불가능할 것이다.

동시에 여기서 우리가 주목할 점은 그가 성령의 역할도 매우 강조한다는 사실이다(Van Riessen, 1981: 24-25). 성령은 진리의 영이므로 인간 영혼에 역동적으로 작용하여 이성을 올바로 사용함으로 피조계에 숨은 질서들을 발견해 낼 뿐만 아니라 바르게 활용할 수 있도록 도와준다는 것이다. 따라서 반 리센에게 있어 학문에는 신앙적 요소가 매우 중요해진다. 즉 신앙이란 인간의 행동을 인도하며, 영에게 동기를 부여하여 학문의 방향을 제시한다는 것이다. 따라서 그의 핵심 논제는 학문이 결코 중립적이거나 자율적이지 않으며 신앙의 인도를 받는다는 점이다. 그는 자기 선배들과 마찬가지로 다음과 같이 주장한다. "학문의 중립성 및 독립성이라는 이념 자체가 종교적 기원이 있다. 많은 학자가 이 사실을 알지 못하며, 이 신앙은 단지 각 학자의 신앙이라기보다는 일반적인 세계관이며 시대정신으로 학문 전체에 강한 영향을 미친다."(Van Riessen, 1997: 2)

따라서 모든 기독 학자들은 이 학문과 신앙의 관계를 분명히 해야 하며 나아가 이 신앙이 어떻게 학문함을 인도해 나가야 할지 이해해야 한다고 그는 강조한다. 동시에 자신이 다른 세계관에 의해 무의식적으로 영향을 받지 않는지도 조심스럽게 살펴야 할 것이라고 지적한다. 따라서 카이퍼 및 도여

성경적 세계관으로 본 학문과 신앙 및 삶의 통합

베르트와같이 반 리센도 학문의 영역에 영적 대립(antithesis)이 있음을 지적한다. 즉 하나님께 온전히 의존적인 학문과 인간 중심적이고 세속적인 학문은 상호 화합할 수 없는 대립성이 있다는 것이다. 후자, 즉 세속 학문 또한 궁극적인 면에서 종교적 전제가 있는데 그것은 바로 인간의 '자율성(auton-omy)'이다. 요컨대 그는 학문이 계시 및 전이론적 직관에 의존한다는 것을 우리가 인정한다면 학문의 자율성이라는 잘못된 신앙에서 진정한 자유를 누릴 수 있다고 주장한다(Van Riessen, 1981 : 26-27).

Ⅳ. 결론: 학문함도 하나의 응답이다.

지금까지 우리는 학문과 신앙의 관계에 관한 네 이론, 즉 갈등, 독립, 대화 및 통합 이론을 먼저 살펴본 후, 양자가 통합되어야 할 근거가 무엇이며 통합된 기독교적 학문의 기독교 세계관으로 본 양자 간의 관계에 대해 고찰한 후 양자를 통합하려고 노력한 네덜란드의 세 학자, 즉 아브라함 카이퍼와 헤르만 도여베르트 그리고 헨드릭 반 리센의 입장을 살펴보았다. 그렇다면 우리는 기독학자로서 어떻게 학문 활동을 해야 할 것인가? 먼저 모든 진리는 하나님의 진리라는 사실을 기억해야 한다. 하나님께서 이 세상의 보이는 것들과 보이지 않는 모든 것들을 지혜로 창조하셨기에 그 안에 담겨 있는 모든 법칙은 하나님께서 제정하신(Law-Giver) 것들이다. 따라서 비기독학자들이 중요한 발견을 했다고 해서 두려워할 필요가 없다. 하나님의 일반은총 안에서 얼마든지 인정할 수 있다.

나아가 우리는 학문의 제사장들로서 학문 활동이 곧 우리의 소명임을 잊지 말아야 할 것이다. 이러한 소명은 크게 하나님께서 주신 문화 명령에 대한 하나의 응답으로 이해할 수 있다. 그러므로 우리가 학문 활동을 할 수 있다는 것도 우리가 하나님의 형상으로 지음 받았기에 가능한 것이다. 또한,

우리의 연구(research)는 re +search, 즉 하나님의 창조 질서를 다시 발견해 나가는 과정임을 인식해야 한다. 그리하여 창조세계 안에 있는 무한한 잠재력을 개발하고 발전시키면서 하나님의 지혜가 얼마나 부요한지 드러내어야 한다. 그러한 학문 활동의 결국은 이 학문의 주권자이신 하나님께 영광을 돌려 드리며 이웃을 섬기는 것이 되어야 할 것이다.

또한, 우리는 이 학문 활동을 통해 신앙을 증거해야 한다. 우리의 모든 삶은 하나님을 향한 응답인 동시에 세상을 향한 증거이다. 학문하는 자세와 결과 모두 살아계신 하나님 앞에 드려지는 거룩한 예배요 제물이다(로마서 12:1). 따라서 하나님을 아는 지식을 가로막는 모든 교만을 부수고, 모든 생각을 사로잡아, 그리스도께 복종시켜야 할(고린도후서 10:5) 책임과 사명이 우리에게 있다. 나아가 학문과 신앙의 통합은 구체적인 삶 가운데 적용되어야 한다. 다시 말해, 모든 종류의 잘못된 이원론을 극복해야 한다는 것이다.

마지막으로 학문과 신앙의 통합은 문화 변혁으로 나타나야 한다. 학문은 그 자체가 우상이 되어서는 안 되며 오히려 타락하고 세속화된 문화의 방향을 바꾸어 하나님의 나라를 이 땅에 이루도록 함께 노력해야 한다. 이 과정은 우리의 평생 계속되어야 하며 그것이 이 세상을 본받지 않고 주님의 뜻을 분별하며 주님을 향해 살아드리는 진정한 예배가 될 것이다.

성경적 세계관으로 본 학문과 신앙 및 삶의 통합

제2장

흐룬 판 프린스터러의
생애와 성경적 세계관

본 장은 「신앙과 학문」 2023년 10월, 제28권 제3호(통권 96호), 123-143에 실린 논문 "흐룬 판 프린스터러의 기독교 세계관에 관한 고찰"을 수정, 보완한 것이다.

I. 서론

히윰 흐룬 판 프린스터러(Guillaume Groen van Prinsterer, 1801-1876)는 네덜란드의 역사가요 법률가인 동시에 기독 정치인으로 19세기 후반 네덜란드의 교회와 사회를 개혁하기 위해 헌신했으며 특히 기독교 정당 활동에 큰 영향을 끼쳤다. 동시에 그는 기독학교가 공립학교와 동등하게 정부의 지원을 받기 위한 소위 '학교 투쟁(schoolstrijd: 1806-1917)'의 지도자로 활동하면서 나중에 그의 후계자가 된 아브라함 카이퍼에게 결정적 영향을 주었다. 젊은 시절에는 그도 자유주의자였으나 1830년경 부흥 운동(Réveil)[1]의 영향을 받아 개신교 정통주의로 전향하여 반모더니즘 운동의 중심인물이 되었

---

1   이 운동(1815-1865)은 19세기 유럽 일부에서 개혁주의의 영적 부흥 운동이었다. 네덜란드에서는 역사가, 언어학자, 시인, 변호사였던 빌더데이크(Willem Bilderdijk, 1756-1831)가 이 운동의 아버지였고 기독교로 개종한 유대인이며 암스테르담의 시인이자 역사가였던 다 코스타(Isaäc da Costa, 1798-1860) 및 흐룬은 그의 학생이었다. 이 운동이 시작된 스위스 제네바, 프랑스 및 독일 남부에서도 개혁과 부흥이 있었고 영국에도 있었다. 이 운동은 그리스도 안에서 새 생명을 얻은 개인적 체험과 내적인 확신을 강조하면서 그리스도의 대속적 희생을 통한 은혜의 복음을 선포하고 실천적 구제에 참여함을 강조했다(Van Dyke, 1989: 21).

다. 그는 종교란 삶의 원리로서 생활의 모든 영역과 연결되고 통합되어야 함을 강조했다.

흐룬은 그의 책『조국의 역사 편람 (Handboek der geschiedenis van het vaderland)』에서 네덜란드가 가톨릭 국가인 스페인의 지배에서 벗어나기 위해 80년간 독립 전쟁(1567-1648)을 치른 것을 통해 드러나듯 네덜란드의 역사를 '복음의 자유를 위한 투쟁'으로 보았다(Van Prinsterer, 1846). 나아가『불신앙과 혁명

히윰 흐룬 판 프린스터러(Guillaume Groen van Prinsterer, 1801-1876)
https://upload.wikimedia.org/wikipedia/commons/4/40/GGvP.gif

(Ongeloof en Revolutie)』이라는 주저에서 그는 성경적 세계관에 기초하여 프랑스 혁명의 정신적 뿌리는 결국 인본주의에 기초한 것으로 하나님의 주권을 부인하는 불신앙이라고 비판했다(Van Prinsterer, 1847). 또한 그는 하원의원(1849-57, 1862-66)으로 활동하면서 정치 영역에서도 하나님의 주권을 실현하기 위해 당시 자유주의 내각을 비판하고 기독 정당제도의 이론적 근거를 마련하여 그의 사후 카이퍼가 1879년에 네덜란드 최초의 기독 정당인 반혁명당(ARP: Anti-Revolutionaire Partij)[2]을 창당하게 되었다.

---

2 반혁명당은 1879년부터 1980년까지 활동한 네덜란드 최초의 기독 정당으로 1918년에 창당한 로마가톨릭 국가당(RKSP: Roomsch-Katholieke Staatspartij)과 달리 개신교인들이 주축이 되었다. 반혁명 전당대회는 1840년대부터 열렸는데 네덜란드 개혁교회 내의 정통경향을 나타내었다. 흐룬의 지도로 반혁명가들은 진정한 정치 세력이 되어 개혁교회 및 정치의 자유주의 경향에 반대했다. '반혁명'이란 이름은 하나님의 권위를 부정한 프랑스 혁명 정신에 반대하기 위함이었다. 1980년에 반혁명당은 가톨릭 인민당(KVP: Katholieke Volkspartij) 및 기독 역사연합(CHU: Christelijk- Historische Unie)과 합쳐 기독민주연

흐룬의 생애와 사상에 대해 네덜란드어와 영어 및 아프리칸스어로 된 문헌은 있으나(Vos, 1886-1891 ; Diepenhorst, 1932 ; Smitskamp, 1945 ; Mulder, 1973 ; Schutte, 1976 ; Langley, 1989 ; Schlebusch, 2018 ; Van Dyke, 2019 등) 국내 한글로 된 연구는 정성구 및 성희찬의 일반적인 논문과 조성국이 발표한 흐룬의 기독교 교육에 관한 논문 외에는 거의 없다(정성구, 1977 ; 성희찬, 2014 ; 조성국, 2019). 하지만 필자는 그의 기독교 세계관은 매우 중요하며 한국 상황에 던지는 함의도 깊다고 본다. 가령 그는 칼뱅주의 사상가 중 1868년에 출간한 자신의 저서『불신앙과 혁명』제2판 서문에서 '세계관'(wereldbe-schouwing)이라는 단어를 가장 먼저 사용하면서 자신의 기독교적 확신을 "기독-역사적, 혹은 반혁명적 세계관(eener christelijk-historische of anti-rev-olutionaire wereldbeschouwing)"이라고 말하였는데(Van Prinsterer, 1868 : xv) 이는 자신의 기독교 세계관이 역사적인 종교개혁 전통에 근거한 것이며, '반혁명적'이라는 말은 프랑스 혁명에 나타난 19세기 모더니즘 시대정신을 반대하는 것임을 분명히 드러내기 위한 것이었다. 따라서 본 장에서는 먼저 그의 생애를 간략히 살펴본 후 그의 기독교 세계관을 역사 및 국가관, 정치관 및 교육관의 순서로 고찰하고 그의 유산을 분석한 후 그가 한국적 상황에 던지는 교훈은 무엇인지 제시함으로 결론을 맺겠다.

II. 흐룬 판 프린스터러의 성경적 세계관

1. 흐룬 판 프린스터러의 생애와 저작

흐룬은 궁중 의사였던 뻬트루스 흐룬 판 프린스터러(Petrus J. Groen van

합(CDA: Christen-Democratisch Appèl)으로 재창당했다.

성경적 세계관으로 본 학문과 신앙 및 삶의 통합

Prinsterer)와 로테르담 은행가의 딸이었던 아드리아나 깐(Adriana H. Caan)의 아들로 1801년에 헤이그 근처 포어부르흐(Voorburg)에서 태어나 보수적인 왈롱 개혁교회(Waals-hervormd kerk)[3]에서 자랐다. 그가 10세가 된 1810년에 나폴레옹은 네덜란드를 프랑스에 합병하였으나 1813년에 연합군이 네덜란드에 들어오면서 다시 해방을 맞았다. 이처럼 그는 어릴 때 이미 격동하는 국내외 사건을 체험하였다. 그 후 흐룬은 나중에 그의 정치적 반대자가 된 토르베케(Johan R. Thorbecke)[4]와 함께 레이든 대학에서 공부하며 문학과 법학을 전공하였다. 특히 플라톤의 이데아론과 역사적인 법학파를 배운 후 1823년 12월 17일, 22세라는 젊은 나이에, 그것도 하루에 두 개의 박사 학위를 동시에 취득했다(Langley, 1989: 2). 그 후 1828년에 흐로닝엔(Groningen) 시장의 딸이었던 엘리사벳 판 데어 호프(Elizabeth M. M. van der Hoop)와 결혼했으나 자녀는 없었다. 그의 아내도 부흥 운동의 영향을 받은 헌신적인 그리스도인이었다. 이 부부는 상류층이었으나 경건하고 검소한 삶을 살면서 그들이 가진 재물을 가난한 사람들과 나누어 나중에 흐룬은 노동자들의 존경과 지지를 받았다(Van Dyke, 1989: 45).

흐룬은 부친의 권유로 1827년부터 1833년까지 네덜란드 국왕 빌름 2세(Willem II, 1792-1849)의 비서로 활동하면서 왕실 문서 보관소에 출입하며 왕실 역사에 중요한 서신들을 정리하고 불어로 각주를 달아『오란여-나사우

---

3 왈롱 교회(프랑스어: Église wallonne)는 네덜란드와 이전 식민지에 있는 칼뱅주의 교회로, 교인은 원래 남부 네덜란드와 프랑스 출신이며 공식 언어는 프랑스어다. 이 교회의 구성원은 왈롱 개혁교회(Waals Reformed, 프랑스어: Réformé wallon)라고 불리며 오랫동안 네덜란드어를 공식 언어로 사용하는 네덜란드 개혁교회(Nederduits Reformed)와 구별되었다.

4 요한 토르베케(Johan Rudolph Thorbecke, 1798-1872)는 19세기의 가장 중요한 네덜란드의 자유주의 정치인 중 한 명으로 1848년에 사실상 혼자 헌법 개정안을 작성하여 왕의 권한을 줄이면서 주지사에게 더 많은 권한을 부여하고 국민에게 더 많은 종교적, 개인적, 정치적 자유를 보장했다.

왕가의 자료(*Archives ou correspondance inédite de la maison d'Orange-Nassau*)』를 편찬하였다(Van Prinsterer, 1835). 그가 왕을 따라 브뤼셀에 잠시 머물 동안 스위스 출신의 개신교 목사이자 궁정 목사로 종교개혁 역사가였던 메를 도비네(Jean-Henri Merle d'Aubigné)의 설교에 깊은 감명을 받으며 당시 유럽에 퍼진 부흥 운동의 영향을 받게 되었다. 흐룬도 이 기간에 참된 그리스도인이 되었고 그의 신앙이 세계관과 학문에 어떤 영향을 미치는지를 깊이 고찰하여 1983년에 『진리가 알려지고 확증되는 방법에 관한 검증(*Proeve over de middelen waardoor de waarheid wordt gekend en gestaafd*)』이라는 책을 출판하였다. 여기서 그는 인간이 확실한 지식을 획득하는 수단에 대해 철학, 역사, 만인의 동의 그리고 성경에 나타난 계시를 열거한 후 이 중에 최종적이고 명확한 기준은 계시라고 주장한다(Van Prinsterer, 1834: 147-50, 188). 이때부터 그는 네덜란드 교회와 사회의 개혁을 위해 헌신적으로 노력했다(Mulder, 1976: 25-26).

그 후 흐룬은 1834년에 네덜란드 개혁교회(Hervormde Kerk)에서 떨어져(afscheiding) 나온 분리주의자들을 국가가 처벌하려고 할 때 그들을 옹호하면서 1816년에 왕이 직접 교회를 치리하는 일반 규정(het Algemene Reglement)을 반대했다. 그는 네덜란드 국가개혁교회와 단절하기를 원하지는 않았지만, 개혁교회 너머 국가 및 사회에서 자유주의에 맞서 싸우는 개혁 교단(Gereformeerde Gezindte)[5]를 통합했으며 그들과 계속 교제했다. 그는 네덜란드의 엘리트집단에 속해 있었지만, 당시 투표권이 없었던 소위 '서민(kleine luyden)' 출신의 분리주의자들을 동지로 보았다. 또한, 그는 1842년에 몇몇 동료들과 함께 헤이그에서 열린 교회 총회에 "신조와 목사 교육,

---

5 개혁 교단이라는 용어는 흐룬이 만들어 스스로 "개혁파"라고 부르며 여러 그룹으로 나누어지지만, 핵심은 세 가지 즉 네덜란드 신앙고백, 하이델베르크 요리 문답 및 도르트 신조를 고백한다.

성경적 세계관으로 본 학문과 신앙 및 삶의 통합

교육과 교회 행정 조직에 대해 네덜란드 개혁교회 총회에 보내는 탄원서 (Adres aan de Algemeene Synode der Nederlandsche Hervormde Kerk over de formulieren, de academische opleiding der predikanten, het onderwijs en het kerkbestuur)"를 제출하여 1816년 이전 교회조직으로 돌아갈 것을 촉구하였는데 이것은 19세기에 계속된 교회 회복을 위한 사법 투쟁의 시작이 되었고, 나중에 카이퍼가 주도한 돌레안치(Doleantie)[6] 운동의 법적 근거가 되었다. 이처럼 흐룬은 진정한 교회 회복과 개혁을 위해 구체적으로 노력했다. 또한, 가난한 아동을 위한 보육원, 여성을 위한 직업훈련원을 세웠으며 1845년에는 당시 복음주의 사회운동가 헬드링(Otto G. Heldring)과 함께 "기독신우회(Christelijke Vrienden)"를 조직하여 기독 학교 설립 및 사회 자선 운동도 시행하였다.

1846년에 그가 출판한『조국의 역사 편람』은 칼뱅주의적이며 오란여 왕가 중심적 민족주의를 지지한다. 이듬해에 출간한『불신앙과 혁명』은 원래 그가 1845년 11월부터 1846년 4월 사이에 선택된 20여 명의 동지에게 한 15번의 강의 모음집으로 역사 연구인 동시에 정치적 선언문으로서 주로 당시의 자유주의에 대한 기독교적 비판으로, 프랑스 혁명 정신인 자유, 평등 및 국민의 주권과 사회 계약설은 하나님의 말씀과 법을 무시한다는 것이다. 성희찬은 그 내용을 잘 요약하고 있으며(성희찬, 2014), 조성국은 흐룬의 전체적인 성경적 세계관을 다음과 같이 적절히 요약하고 있다.

첫째, 성경은 하나님의 말씀으로서 정의와 도덕과 자유의 원천이고, 개인의 생활

---

6 돌레안치(Doleantie, 라틴어 dolere에서 '슬픔을 느낀다'는 뜻)는 1886년에 아브라함 카이퍼 목사의 지도로 일어난 네덜란드 개혁 교회(Nederlands Hervormde Kerk) 분열의 이름이었다. 이것은 개혁교회의 첫 번째 분파가 1834년에 분리(Afscheiding)로 인해 네덜란드에 기독 개혁 교회(Christelijke Gereformeerde Kerk)가 형성된 후 두 번째로 분리한 사건이다.

뿐만 아니라 국가와 정부의 문제에 대하여도 권위의 원천이다. … 둘째, 삶 전체
가 하나님을 순종하거나 혹은 불순종하는 방식의 종교로서, 오직 참 종교와 거
짓 종교가 있을 뿐이므로 종교의 영역과 중립적인 세속의 영역이 별개로 존재한
다는 이원론을 단호하게 거부하였다. … 셋째, 칼뱅주의 신앙고백의 내용을 그대
로 받아 들였고, 모든 진리는 십자가 보혈을 통한 화목으로 요약될 수 있다고 주
장하였다. … 넷째, 하나님은 주권자이며, 모든 권세가 그분에게 있고, 그분이 제
한된 권세를 공직자들에게 부여하시므로, 공직자들은 하나님의 청지기로서 그분
께 순종해야 한다고 주장하였고, 모든 영역에서 하나님의 법에 순종할 것을 요구
하였다. … 다섯째, 역사의 중심은 기독교이며, 그리스도가 역사의 시작이고 끝이
며 하나님의 구속 계획이 역사의 주된 문제로서 다른 모든 것은 여기에 종속되
어 있다(조성국, 209: 18-20).

흐룬은 그 후 네덜란드 정치에서 두드러진 역할을 하면서, 점차 반혁명
당 창립을 준비하는 지도자가 되어 성경적 원칙이 정치에서도 실행되기를
원했다. 그는 여러 해 동안 하원의원으로 있으면서 정치적 저술가로서도 활
동했는데 다양한 팸플릿을 통해 1848년과 1849년의 헌법 투쟁에서 결정적
인 역할을 했다. 가령 1850년부터 1855년까지는 거의 독점적으로 자신에
게 맡겨진 신문인 「네덜란드인(De Nederlander)」에 매일 자신의 견해를 발표
했다. 또한, 그는 당시 보조금도 받지 못하면서, 국가 통합에 해롭다는 이
유로 자유주의자들에 의해 거부된 기독 교육을 옹호했고, 초등학교에서 종
교 교육을 금지한 교육법에 맞서 싸웠다. 1857년에 새로운 초등교육법이
하원에서 통과되자 그는 이를 비판하면서 하원의원직을 사임하였다. 그 후
1860년에 그는 전국 기독학교 교육협회(CNS: de Vereniging voor Christelijk
Nationaal Schoolonderwijs)를 조직하였고 「정교분리와 관련한 기독 국가 교
육의 자유(Vrijheid van christelijk nationaal onderwijs, in verband met scheid-

        성경적 세계관으로 본 학문과 신앙 및 삶의 통합

ing van kerk en staat, 1864)」라는 팸플릿도 출간하며 기독 학교 운동을 주도했다.

흐룬은 독일의 법철학자와 정치인으로서 그리스도인도 정당을 구성해야 한다고 주장했던 슈탈(Friedrich J. Stahl, 1802-1861)과 프로이센의 정치가요 판사였던 폰 게를라흐(Ernst L. von Gerlach, 1795-1877)와 함께 국회에서 자유주의와 싸웠다. 1810년에 네덜란드는 프랑스 혁명의 소용돌이에 휘말려 프랑스 영토가 되었으나 1815년 빈(Wien) 회의의 결과 네덜란드 왕국으로 새롭게 독립하였다. 그는 이 빈 회의에서의 합의가 네덜란드 같은 작은 국가의 독립을 위한 유일한 보호책으로 유지되기를 원했다. 하지만 독일을 통일하여 독일 제국을 건설한 프로이센의 비스마르크(Otto E. L. Fürst von Bismarck-Schönhausen, 1815-1898) 정부가 1864년 덴마크와 1866년 오스트리아를 물리치고 기존의 상황을 완전히 바꾸어 놓자 「프로이센과 네덜란드. 베를린에 있는 나의 친구들에게(*La Prusse et les Pays-Bas. À mes amis de Berlin*, 1867)」 및 「프로이센 제국과 묵시록. 베를린에 있는 나의 친구들에게 (*L'empire prussien et l'apocalypse. À mes amis de Berlin*, 1867)」라는 팸플릿에서 미래에 대한 우려를 표현했다.

흐룬은 프랑스의 정치가이자 역사가였던 기조(François P. G. Guizot, 1787-1874)의 영향도 받았다. 이것은 그의 『조국의 역사 편람』과 미국의 작가이자 외교관이며 역사가였던 모틀리(John L. Motley, 1814-1877)가 연합 네덜란드 공화국에서 가장 중요한 행정관이었고 오랫동안 오란여 왕가의 마우리츠(Maurits van Oranje, 1567-1625) 왕자와 긴밀히 협력했지만 결국 반역죄로 사형을 선고받아 공개 참수형을 당한 판 올덴바르너펠트(Johan van Oldenbarnevelt, 1547-1619)에 관해 쓴 책(Motley, 1874)을 비판하면서 불어로 출판한 『모리스와 바르너펠트. 역사 연구(*Maurice et Barnevelt. Étude historique*, 1875)』에서 나타난다. 나아가 흐룬은 프랑스 혁명에서 영감을 얻은 토르베케가 헌법 개혁을 하는 것을 보면서 그것은 경건하지 않고 자유주의적이라고 비판했으며 1876년에 세상을 떠날 때까지도 그 생각은 변함이 없었다.

2. 흐룬의 역사 및 국가관

흐룬은 『오란여-나사우 왕가의 자료』를 출판하면서 역사가로서 국제적 명성을 얻게 된다. 그의 역사관은 철저하게 성경에 기초하여 하나님께서 역사의 주관자이시고 모든 역사는 성경이 계시한 진리를 계속해서 확증한다고 강조하면서 인본주의적 역사관을 비판했다. 그의 관심은 먼저 유럽의 역사 속에서 당시 네덜란드의 상황을 어떻게 이해할 것인가 하는 것이었다. 당시 유럽은 인간에 대한 낙관론과 함께 이성, 과학 및 기술을 통해 인류는 무한히 진보한다는 사상이 지배적이었다. 다윈의 진화론, 스펜서(Herbert Spencer, 1820-1903)의 사회진화론 그리고 마르크스 등은 인간사회의 진보를 주장했다. 하지만 흐룬은 이러한 진보주의와 낙관주의적 합리주의는 인간의 타락과 죄성을 간과하는 비성경적 사상이라고 비판했다(Van Prinsterer, 1829). 나아가 1789년에 일어난 프랑스 혁명을 통해 절대 왕정이 무너지고 로마 가톨릭교회의 권위도 부정되면서 인본주의적 세계관이 지배하자 흐룬은 1829년 「네덜란드 사상(De Nederlandsche Gedachten)」이라는 잡지를 3년 간 지속하여 발행하면서, 특히 벨기에 혁명[7]을 직접 목격한 후 모든 폭력에서 분출한 '혁명 정신'에 반대했다. 그러므로 1829년은 정당이 존재하기 훨씬 이전에 반혁명 운동이 탄생한 해라고 볼 수 있다. 「네덜란드 사상」이라

---

7   벨기에 혁명(프랑스어: Révolution belge, 네덜란드어: Belgische Revolutie)은 1830년 8월에 벨기에가 네덜란드 연합왕국으로부터 로마가톨릭 국가로 독립하기 위한 전쟁을 가리킨다.

는 이름은 이 잡지의 민족주의적 특성을 나타내는데 흐룬은 당시 네덜란드 인들의 국가적 인식을 일깨우고 싶었으며, 하나님과 네덜란드 및 오란여 왕가[8]는 서로 연결된 삼중 코드라고 강조했다. 나아가 계몽주의에는 그리스도가 없다고 지적하면서 그는 다음과 같이 말한다. "진정한 종교는 하나이며 이를 통해 깨어진 언약이 회복된다. 우리가 구원받을 수 있는 이름은 하나의 중보자이며, 이 그리스도 밖에 있는 사람은 이 세상에서 하나님 없이 살아간다."(Van Prinsterer, 1834: 20-21)

그러므로 흐룬은 성 어거스틴과 같이 역사를 하나님의 나라(*Civitas Dei*)와 이 세상의 나라(*Civitas Terrena*)가 대립하지만 결국 하늘나라가 승리한다는 것을 성경을 통해 확신했다(Van Prinsterer, 1834: 59). 그리스도는 시작과 끝이며, 하나님의 구속사가 역사의 중심이다(Van Prinsterer, 1834: 131). 역사는 사탄에 대한 그리스도의 승리를 보여주는 것이며 따라서 그 중심에는 교회, 즉 복음의 역사가 나타나는 그리스도의 몸이 지속해서 형성되고 보존된다. 그러므로 복음은 역사를 통일하는 원리이고 역사의 의미와 목적은 그리스도가 중심인 새 하늘과 새 땅이 완성되는 것이며 그리스도인은 이것을 믿음의 행동으로 증거하며 불신앙과 미신에 대해 계속 대적해야 한다. 그는 다음과 같이 말한다.

> 하나님의 말씀은 우리 발의 등이요 역사의 노정에 빛이다. 성경이 없다면 세계 역사는 수수께끼로 남을 것이다; 믿음으로 우리는 그 내용과 목적을 안다: 에덴 동산에서 이미 약속하신 언약의 성취이며 시험하는 자에 대한 메시아의 승리이다; 그리스도는 자신의 생명을 속죄 제물로 주셨고 다시 오셔서 산 자와 죽은 자

---

8 오란여나사우 가문(네덜란드어: Huis van Oranje-Nassau)은 현재 네덜란드를 다스리는 가문이다. 이 가문은 특히 80년 전쟁(1568-1648) 이후 스페인 통치에 대항하여 네덜란드 반란을 조직한 빌럼 1세 이후로 네덜란드와 유럽의 정치와 정부에서 중심적인 역할을 해왔다.

를 심판하신다. 모든 민족과 시대의 운명은 주님 교회의 설립, 유지 그리고 영화에 종속된다(Van Prinsterer, 1846: 1).

나아가 흐룬은 『조국의 역사 편람』에서 개신교 국가인 네덜란드는 하나님의 섭리로 탄생했다고 보았고, 그의 주저 『불신앙과 혁명』에서는 앞서 언급한 바와 같이 당시에 점증하는 세속주의를 비판하고 교회와 국가에 만연한 자유주의를 경계하면서, 성경적 원칙에 따라 올바른 역사적 방향으로 개혁해야 한다고 주장했다. 본서의 주된 내용은 복음이 국가와 사회에서 떠나면 세속적인 자유 이념이 무정부 상황을 낳게 되고 이 상태에서 독재자가 출현하므로 세속주의는 결국 전체주의로 간다는 것이다. 다시 말해, 1789년에 발생한 프랑스 혁명은 유럽 사회의 영적 기초를 전복시킨 '지적' 혁명의 구체적인 열매였으며, 뿌리 깊은 주관주의와 그 결과인 회의주의는 계몽주의가 인간의 삶에 제정된 신적 계시와 질서를 거부하고 인간의 이성을 넘어서는 어떤 권위도 부인하는 정치철학을 낳아 결국 무신론과 정치적 극단주의라는 열매를 맺은 것이다(Van Dyke, 1989: 3). 본서를 더 자세히 보면 1-2장에서 그는 서론 및 혁명 시대의 근본 원리가 무엇이며 세계사에서 이 시대를 어떻게 평가해야 하는지 소개한다. 3-5장에서는 반혁명의 원리 및 흔히 혁명을 설명하기 위해 제시되나 실제로는 틀린 원인을 다룬다. 6-7장은 혁명의 발생을 설명하는 두 원인, 즉 근대 국가법과 종교개혁을 서술한다. 흐룬은 여기서 근대 국가법이 혁명의 정신을 초래하였지만, 종교개혁은 혁명 정신을 바르게 저지하였음을 지적한다. 8-10장은 혁명이 불신앙적이며 자연과 법에 반함을 논술하며, 11-14장은 혁명의 실제와 결과를 말한다. 그리고 15장은 결론으로 현재와 미래에 네덜란드에서 복음을 고백하는 자의 소명을 다루면서 인본주의화된 유럽 사회는 앞으로 성경적 세계관을 회복하지 않는 한 지속해서 더 광범위하고 깊이 있는 혁명을 경험하게

성경적 세계관으로 본 학문과 신앙 및 삶의 통합

될 것이라고 경고한다. 흐룬의 전기 작가 까이뻐(Roel Kuiper)는 흐룬이 종종 영국의 정치인이자 연설가였던 버크(Edmund Burke, 1729-1797) 및 기조와 같은 외국 작가들을 언급했고, 슈탈과 프랑스의 역사학자 미셸레(Jules Michelet, 1798-1874)는 불어와 라틴어로 직접 인용했으며, 때로 축약형과 불완전한 문장도 반복하여 사용해 이 책을 읽기가 쉽지 않다고 말한다(Kuiper, 2001). 하지만 흐룬의 요점은 대중주권에 기초한 '혁명적' 국가를 반대하며 오직 하나님만이 절대 주권자이시고 모든 권위는 그에게서 나오므로 이를 고려하지 않는 국가는 폭정으로 이어질 수밖에 없다는 것이다. 프라운(Robert Fruin)이 신권정치와 절대주의에 빠질 수 있다고 흐룬을 비판하자, 흐룬은 성경적 역사 및 국가관으로 하나님의 주권과 섭리를 인정하면서 그분에게 순종하면 축복을 받지만 그렇지 않으면 심판받음을 역사가 보여준다고 주장하면서 시대를 분별하는 통찰력을 가지고 인본주의적 세계관에 대해 과감히 맞서 예언자적인 사명을 충실히 감당했다. 이것은 나중에 카이퍼에 의해 계승되었고, 그는 반혁명당을 창당한 후 구체적인 강령을 제시하면서 의회에 진출하여 활동하였고(Kuyper, 1880; 손기화 역, 2018), 미국 프린스턴 대학에서 '칼뱅주의'라는 제목으로 일련의 강연을 하면서 세 번째로 '칼뱅주의와 정치'에 관해 강의했다(Kuyper, 1899; 박태현 역, 2021). 나아가 그 수상으로 재직하면서 구체적인 상황 속에서 기독교적 정치를 구현하기 위해 온갖 노력을 기울였고 그의 마지막 저작도 『반혁명 국가학』이었다(Kuyper, 1916-1917).

그 후 1860년에 흐룬은 프랑스, 스위스 및 기타 지역에 있는 친구들에게 네덜란드 반혁명 운동 상황을 알리기 위해 『네덜란드 개혁교회의 반혁명 및 고백당: 현대사 연구(*Le parti anti-révolutionnaire et confessionnel dans l'église réformée des Pays-Bas: Etude d'histoire contemporaine*)』를 출판하였다. 본서는 영어로도 번역되었는데(Wright, 2015) 여기서 그는 자신이 주도한 반혁명

운동은 단순한 정치 활동이 아니라 영적인 성격을 가짐을 강조하면서 프랑
스 혁명으로 드러난 무신론에 대한 대안적 원리로 돌트 신조[9]에 근거한 성
경적 세계관을 제시한다. 판 에센(Van Essen)은 그의 역사관을 이렇게 잘 요
약하고 있다.

1. 역사의 의미: 세상에서 하나님의 계획은 성경에 계시 되었고 그것이 역사의 의
   미이다.
2. 역사에서 인과율: 1) 하나님과 개인(또는 국가들) 간의 관계 – 신앙과 순종은 축
   복을 낳지만 불신앙과 불순종은 심판을 낳는다. 2) 사상의 영향과 관련하여 좋
   은 나무는 좋은 열매를 맺으며 나쁜 나무는 나쁜 열매를 맺는다. 3) 하나님께
   서 창조하신 사물의 본질과 성격은 인간이 바꿀 수 없으며 역사의 과정에 분
   명히 영향을 준다. 4) 시간은 확증적 효과가 있어 기존 질서를 전복하려는 시
   도는 반드시 처벌을 받는다. 5) 인과율은 역사에서 하나님의 현존하심과 분
   리되어 볼 수 없다. 하나님은 모든 일에 주권적으로 통치하신다(Van Essen,
   1990: 38).[10]

---

9   도르트 신조(네덜란드어: Dordtse Leerregels)는 1618년에서 1619년 사이에 네덜란드 도르
    드레흐트(Dordtrecht)에서 작성된 기독교 신조이다. 하이델베르크 요리 문답, 네덜란드 신
    앙고백과 더불어 하나 되는 세 문서라고 불리며, 네덜란드, 남아공, 미국 등에서 칼뱅주의
    전통을 따르는 개신교(장로교회, 개혁교회 등)의 신앙고백 문서로 채택되었다. 이것은 아르
    미니우스(Jacobus Arminius, 1560-1609)를 추종하는 사람들이 개혁주의 교리, 특히 네덜란
    드 신앙고백을 부정하면서 이의를 제기하자 이에 대한 네덜란드 개혁교회가 답변한 것인
    데 그 요약이 소위 칼뱅주의 5대 강령이다.
10 본 논문은 원래 네덜란드의 역사가 판 에센(Jantje Lubbergiena Van Essen, 1913-2013)이 강
    의한 것을 네덜란드어로 쓴 것(제목: "Groen van Prinsterer en zijn geschiedbeschouwing(흐
    룬 판 프린스터러와 그의 역사관)"이며 『성경과 학문(Bijbel en Wetenschap)』 4/23 (Janunary
    1979)에 실린 것이다. 영어 번역본은 나중에 The Westminster Theological Journal 44
    (1982) 205-49에 실렸다.

성경적 세계관으로 본 학문과 신앙 및 삶의 통합

3. 흐룬의 정치관

흐룬의 기독 정치사상은 성 어거스틴의 신국론(De Civitate Dei)까지 거슬러 올라간다고 말할 수 있겠지만, 그의 친구와 적 모두 그를 네덜란드 개신교 정치의 창시자로 간주한다. 왜냐하면, 그는 당시의 인본주의적 불신앙과 혁명적 세계관에 맞서 싸우면서 그의 사후에 설립될 기독 정당인 반혁명당의 기반을 마련했기 때문이다. 그는 프랑스 혁명뿐만 아니라 나폴레옹이 네덜란드를 점령하면서 확산한 세속적 세계관 그리고 마르크스를 중심으로 한 급진적 공산주의적 사회주의에 이르는 일련의 사상들이 모두 궁극적으로는 인본주의에 기초함을 예리하게 지적했다(Langley, 1989: 10). 1815년에 네덜란드 헌법이 제정되자 그는 『네덜란드 정신에 따른 헌법 개정에 관한 고찰(Bijdrage tot herziening der Grondwet in Nederlandschen zin)』이라는 저작을 출판하여 이 헌법에 담긴 혁명적 세계관을 비판하면서 네덜란드에 필요한 것은 반혁명적 관점임을 주장했다(Van Prinsterer, 1840). 나아가 유럽 여러 도시에서 혁명이 일어나자 흐룬은 유럽의 영적, 정치적 위기에 깊은 우려를 표하며 자신의 성경적 정치관을 다음과 같이 분명히 말했다.

> 우리가 혁명이라고 부르는 것은 과거의 어떤 사건과도 비교할 수 없다. 통치자들의 교체, 권력의 재분배, 통치 형태의 변화, 정치적 분쟁, 신념의 차이는 사회적 격변과 그 범위와 원칙에서 아무런 공통점이 없고 그 성격은 모든 정부와 모든 종류의 종교를 반대한다. 도덕과 사회를 훼손하고 파괴하는 사회적 또는 반사회적 격변이며 이는 근본적으로 하나님의 계시에 대한 반역이자 우상 숭배의 실천인 반기독교적 혁명이다(Van Prinsterer, 1847: 262).

시간이 흐르면서 흐룬은 상류층 사이에 지적인 기독 정치계를 구성했고 이를 통해 그들의 정치적 책임을 강조했으며 신문사도 창간했다. 그는 『오란여-나사우 왕가의 자료』 편집자로 알려지면서 네덜란드의 가샤르 (Gachard)[11]라는 칭호도 얻게 되었다. 모틀리는 『네덜란드 공화국의 부상 (*The Rise of the Dutch Republic*, 1856)』 서문에서 흐룬의 기록 자료에 대해 빚지고 있음을 인정했다. 흐룬의 책을 영어로 번역한 판 다이크(Harry Van Dyke)는 흐룬의 견해를 다음과 같이 명쾌하게 요약했다.

> 흐룬의 시대에 제시된 정치적 스펙트럼은 의미 있는 선택을 제공하지 않았다. '급진 좌파'는 무신론적 이데올로기를 믿는 광신자들로 구성되었지만 '자유주의자들'은 과잉에 대해 경고하고 절제를 설교하는 따뜻한 신자들이었고 '보수적 우파'는 통찰력, 신중함 또는 현대적 교리를 단절하려는 의지는 부족하지만, 이데올로기가 일관된 방식으로 실행되고 구현될 때마다 그 결과에 반발하는 모든 사람을 포함했다. … 흐룬은 "반혁명, 기독교-역사 노선에 따른 정치의 급진적 대안"을 요구하면서 사용 가능한 모든 정치적 입장을 거부할 것을 촉구했다(Van Dyke, 1989: 3-4).

남아공의 슐레부쉬(Jan A. Schlebusch)도 흐룬의 이론을 다음과 같이 잘 설명한다.

> 흐룬에게 '혁명'은 궁극적으로 인류의 주권을 위해 하나님의 주권을 부인하는 것이었다. 계몽주의는 인간이 만든 추상화를 신의 계시보다 더 높은 진리로 부당하게 높이는 합리주의 종교의 열매이다. 이러한 인식론적 관점은 그의 정치 이

---

11 루이 가샤르(Louis P. Gachard, 1800-1885)는 벨기에의 문필가로 파리에서 태어났다. 그는 1826년에 국가 문서 보관소에 들어갔고 1831년에 사무총장으로 임명되어 55년 동안 재직했다.

성경적 세계관으로 본 학문과 신앙 및 삶의 통합

론과 참여를 형성했다. … 따라서 반혁명적 또는 기독교–역사적 입장은 이 인식
론적 혁명이 사회적 재난과 정치적 폭정으로 가는 길을 반대하는 것을 수반했다
(Schlebusch, 2020: 120–121).

1848년 토르베케에 의해 이루어진 헌법 개정 1년 후인 1849년에 흐룬
은 하원에 다시 입성하여 토르베케 헌법의 "혁명 정신"은 기독교적이 아니
라고 비판했다. 흐룬은 베른의 스위스 헌법 변호사, 정치인, 홍보인이자 경
제학자였던 폰 할러(Karl L. von Haller, 1768-1854)의 정부 권위에 대한 사법
적 개념에 동의하면서 권위는 권위 보유자의 양도할 수 없는 소유로 간주
하였고 1848년에 슈탈이 평화와 질서에 대한 하나님의 명령에 따라 국가의
권위가 공공 정의에 봉사한다고 주장한 공법의 권위 개념을 제안했다. 흐룬
은 헌법을 작성하고 선출의 독립성과 토론의 합리성 등 국회의원이 준수해
야 할 게임의 규칙을 고안한 토르베케에 대해 비판하면서 자신을 정통 개신
교의 대표자로 설정하고 신앙 문제도 정치에 속한다고 주장했다. 하지만 이
러한 이념적 차이에도 불구하고 흐룬과 토르베케는 여러 측면에서 관련이
있는데 칼뱅주의자 흐룬과 루터주의자인 토르베케는 대표의 중요성, 정치
생활의 개방성 및 진정한 입헌 군주제는 함께 인정하였다.
  카이퍼는 그의 마지막 대작 『반혁명 국가학』에서 흐룬이 살아있을 동안
에는 그가 반혁명당의 정치적 존재 및 목적의 화신으로 모든 당원의 자연스
럽고 살아있는 중심점이었다고 하면서 흐룬의 성경적 정치관을 이렇게 요
약했다.

우리가 반혁명적으로 행동하는 이유는 적어도 1789년에 … 발생한 폭풍은 조국
을 정화했고, 우리 진영에서 잠자던 생명력을 다시 일깨워, 새로운 영감을 얻었
다는 사실을 부인하지 않기 위해서이며, 오히려 우리를 전능자와 묶어 놓은 유대

를 끊고, 우리를 자기 숭배하는 인간 정신의 폭정에 빠뜨린 (프랑스) 혁명이 우리 인간의 삶에 가져온 저주를 물리치고, 불변하며 거부할 수 없는 유익을 받았음을 온전히 인정하기 위함이다(Kuyper, 1916: 139-140).

요컨대 흐룬이 가장 염두에 둔 것은 "혁명에 반대하는 복음(Tegen de Revolutie het Evangelie)"이었다. 나아가 그는 노예제도도 반대한다고 선언했다. 1842년에 그는 "노예제 폐지 촉진을 위한 네덜란드 협회(Nederlandse Maatschappij ter Bevordering van de Afschaffing van de Slavernij)"에서 여러 폐지론자 위원회를 통합하기 위해 노력했고 1853년에 노예제도 폐지에 관한 국가 위원회의 의장이 되었지만, 단기간에 어떤 성과를 내지는 못했다. 결국, 네덜란드가 노예제도를 폐지하기까지는 1863년까지 시간이 걸렸다.

흐룬에게는 반혁명적 동지들이 있었지만, 그들은 어떤 강령에도 얽매이지 않았다. 이것은 카이퍼와 함께 시작할 예정이었고 1848년 이후 진보, 보수, 반혁명 사이의 경계는 다소 유동적이었다. 가령 흐룬은 1850년대에 네덜란드 화학자이자 위트레흐트 대학의 교수였던 뮐더(Gerardus J. Mulder, 1802-1880)의 보수적 선거인단 '왕과 조국(Koning en Vaderland)'을 통해 하원의원이 되었다. 그러나 뮐더는 신앙이 깊은 흐룬과 완전히 다른 세계관을 가지고 있었다. 그러자 1866년 4월에 흐룬은 여전히 보수파와 반모더니즘적 정당을 결성할 계획을 세우고 있었다. 그해 후반에 흐룬은 보수적인 네덜란드 내각의 지도자 판 네이어펠트(Julius P. J. Adriaan, Count van Zuylen van Nijevelt, 1819-1894)와 헤임스께르끄(Jan Heemskerk Abrahamszoon, 1818-1897)가 특수 기독 교육에 반대하자 이들에 대해 신뢰를 잃었다. 따라서 흐룬은 총리를 두 번 그리고 내무부 장관을 세 번 역임한 네덜란드의 중요한 정치가 헤임스께르끄가 1868년에 설립한 네덜란드 최초의 정당인 보편 선거협회(Algemeene Kiesvereeniging)에 가입하기를 거부했다.

성경적 세계관으로 본 학문과 신앙 및 삶의 통합

하지만 보수파와의 단절로 흐룬은 점점 더 고립되었다. 비스마르크가 장악한 독일 정치에 대한 그의 비판은 "혁명적" 프랑스도 대적으로 보았기에 그의 고립을 강화했다. 그러나 그는 "우리의 고립 속에 우리의 힘이 있다(In ons isolement ligt onze kracht)"고 말했다. 이는 그가 주장하는 정치적 원칙의 확고함과 동시에 정치적 순교도 의미했다. 그는 광야에서 외치나 오해받는 예언자처럼 느껴졌다. 카이퍼는 이렇게 말한다.

> 흐룬 판 프린스터러는 자신의 신문인 「네덜란드인(*Nederlander*)」을 출간했지만, 구독자를 거의 찾지 못했고 결국 중단해야 했다. 그리고 흐룬 판 프린스터러가 자신의 정당 창설자 역할을 하려고 했을 때 그를 이해하는 사람은 극소수에 불과했다. 정치에 기조를 설정한 사람들은 그들의 조롱을 거의 억제할 수 없었는데 왜냐하면 거기에는 자유당과 보수당이 있었기 때문이고 부흥 운동 출신 남자들은 그에게 부분적인 동정을 보였으나 여전히 확고한 정당 구성에 대해 그들 역시 거의 아는 바가 없어 그를 반대했고 많은 다른 사람들이 그를 순수하게 명목상 지원하여 "군대 없는 장군"이라고 불렀다(Kuyper, 1916: 489).

이처럼 흐룬의 정치관은 철저히 성경적 세계관에 입각해 있었으며 평생 외롭게 보이는 싸움을 싸웠다. 나아가 그는 한동안 여러 어려움도 당했으나 그의 헌신적인 노력은 절대 헛되지 않았다. 왜냐하면, 나중에 결국 그의 후계자인 카이퍼가 등장하여 흐룬의 세계관은 꽃을 피우고 열매를 맺었기 때문이다.

4. 흐룬의 교육관

흐룬은 세계관과 기독 교육의 상관성을 가장 깊이 드러내면서 하원의원으로서 행한 정치사회활동은 거의 교육문제에 집중했다. 그의 공헌은, 학교 교육의 자유 개념과 기독교 세계관을 형성하는 기독 학교의 법적, 제도적 확립에 집중되어 있었다. 처음에 그는 개신교 공립학교를 원했다. 자신은 비록 평생 자녀 없이 살았지만, 교육이 미래에 가장 중요하다는 것을 알고 있었으며 자녀 교육을 언약 신앙의 핵심으로 보았다. 당시 내각은 1848년 에 도입된 헌법 가운데, "교육을 제공하는 것은 자유다"라는 194조를 새 교 육법에 맞추어 개정하려고 했으며 그 핵심은 학교에서 종교 교리 교육을 없 애는 것이었다. 이에 대해 흐룬은 각 종교(기독교, 가톨릭, 유대교)가 자기 종 교에 기초한 공립학교를 세울 수 있음을 주장하였다. 1857년 국회에서 치 열한 토론과 공방 끝에 37대 13으로 통과된 새 교육법(Onderwijswet)은 사 립학교 설립의 길을 열어 놓기는 하였지만, 정부의 재정 보조는 받을 수 없 게 되었다. 이 법은 1806년 학교법을 통해 발생한 공교육과 사교육 지지자 들 사이의 학교 투쟁을 종식하기 위해 네덜란드의 정치가였던 판 라빠르드 (Anthony G. A. Ridder van Rappard, 1799-1869)가 제안했다. 이 법은 공교육 에만 보조금을 지급하도록 규정하고 공립학교의 교육은 모든 종파의 어린 이들에게 제공되어야 하며 교육은 중립적이어야 한다고 규정하면서 초등교 육에서 가르쳐야 하는 과목을 처음으로 규정했다. 그러나 흐룬은 개신교 교 육이 사립학교에서 제공되어야 하지만 공교육은 중립적이어야 하고 대중에 게 영적 영향을 미치는 것을 삼가야 한다고 주장했다.[12]

이후 흐룬은 교회와 국가의 분리를 받아들였지만, 진심으로 받아들이지 는 않았다. 중립 정부는 긴급 해결책에 불과했다. 그에 따르면 네덜란드는 항상 개신교 국가였으며 따라서 개혁교회는 네덜란드 사회에서 중요한 위

---

12 흐룬에 대한 까이뻐의 전기는 1857년에 제정된 교육법의 역사를 깊이 조명한다(Kuiper, 2001).

성경적 세계관으로 본 학문과 신앙 및 삶의 통합

치를 차지할 자격이 있었지만 교회가 지배하는 국가를 선호하지는 않았으며 신권을 옹호했지만, 종교적 박해는 반대했다. 흐룬은 양심의 자유를 중요하게 여겼고 따라서 가톨릭 신자와 유대인들도 공공 사회에서 한 자리를 차지하도록 허용되어야 한다고 믿었다. 이 그룹은 역사적으로 그럴 권리가 있었다. 그러나 흐룬은 종교와 양심의 무제한적인 자유를 위해 노력하지는 않았다. 가령 네덜란드에서는 성경을 코란과 동등하게 만드는 어떤 평등도 부과될 수 없었다. 흐룬에 따르면 헌법은 이것을 원하지 않으리라고 보면서 성경에 대한 균형 잡힌 해석을 옹호했다. 그는 두드러진 반혁명적 원리로 로마서를 인용한다. "모든 권세는 하나님이 정하신 것이니"(로마서 13:1) 여기서 그는 즉시 이렇게 덧붙인다. "이것은 하나님이 정하신 권세로 여겨야 한다." 조성국은 흐룬의 기독 교육 사상을 다음과 같이 잘 요약했다.

> 첫째, (그는) 교육을, 종교적 세계관을 형성하는 작업으로 보았다. 둘째, 중립적 세계관이라는 가정하에 이루어지는 국가의 세계관 교육은 중립적인 것도 아니고 또 그 방법으로 국가를 통합할 수 있는 것도 아니라고 주장하였다. 셋째, 교육의 자유는 종교의 자유와 같은 맥락에 있다고 주장하였다. 넷째, 프랑스 혁명 지지자들의 주장처럼 아동은 국가 소유가 아니라, 일차적으로 부모에게 속한다고 주장하였다. 다섯째, 부모들이 하나님으로부터 부여받은 교육적 의무에 책임 있게 행동할 것을 촉구하였다.. 여섯째, 국가 교육은 … 종교적 다양성을 존중하는 복수체계에 따라 이루어질 수 있어야 하고, 각 종파가 자신들의 신앙고백에 일치하여 가르칠 수 있는 학교를 세울 자유를 부여받아야 하며, 모두 공립학교로서 동등한 지위를 누려야 한다고 주장하였다. 일곱째, 모든 학교가 공립학교처럼 국가의 재정지원을 받아야 한다고 주장하였다. 여덟째, 교육을 정치 사회적인 활동으로 간주하고, 교육의 발전과 개혁도 정치 사회적 운동을 통해 이루어진다는 신념을 가졌다(조성국, 209: 24-26).

1860년에 개정법에 따라 비록 정부 재정 보조는 없다 할지라도 사립학교 설립이 가능하게 되자 흐룬은 기독학교를 설립하기 위한 기금을 모으기 위해 전국 기독학교 교육협회를 설립하였고 그 결과 1867년에는 전국에 62개의 기독 사립학교가 세워지게 되었다. 그 후 카이퍼는 정치 투쟁을 계속하면서 반학교법 협회(het Anti-Schoolwet Verbond)를 설립했는데 이것이 후에 반혁명당으로 발전하게 되었다. 그리고 1917년에 자유주의적인 꼬르트 판 데어 린든(Cort van der Linden)[13] 내각은 마침내 헌법을 개정하여 23조에 기독 사립학교도 공립학교와 동등하게 재정지원을 하도록 규정함으로써 80여 년간 지속했던 학교투쟁을 마침내 해결했다. 그리하여 네덜란드는 지금까지 100년이 넘도록 전 세계에서 유일하게 사립학교도 정부로부터 전액 재정지원을 받는 국가이다.

5. 흐룬의 유산

흐룬의 영향은 심대했다. 그의 기독교 세계관은 생애 말기에 세 명의 동지들, 즉 신학자 카이퍼, 교육가 판 오텔로(M.D. van Otterloo) 그리고 정치인 쿠체니우스(L. W. C. Keuchenius)에 의해 꽃을 피웠다. 특히 카이퍼는 반혁명당을 창당하였고 큰 성공을 거두어 1901년에 수상이 되었다. 특히 카이퍼는 흐룬의 기독교 세계관을 각 영역으로 확대하여 소위 '신칼뱅주의'로 발전시켰다. 또한, 카이퍼의 사상은 도여베르트와 폴렌호븐에 의해 더욱 심화되었고(최용준, 2005: 37-66) 지금도 전 세계적으로 광범위한 영향을 미치고 있다. 그 대표적인 예로 기독교 세계관 포털 사이트인 allofliferedeemed.

---

13 뻬터 꼬르트 판 데어 린든(Pieter W. A. Cort van der Linden, 1846-1935)은 네덜란드의 정치인으로 1913년 8월 29일부터 1918년 9월 9일까지 네덜란드 총리를 지냈다.

성경적 세계관으로 본 학문과 신앙 및 삶의 통합

co.uk에 보면 흐룬이 제일 먼저 소개되는 것을 볼 수 있다. 네덜란드의 개혁 철학협회(Stichting voor Christelijke Filosofie: christelijkefilosofie.nl)는 흐룬과 카이퍼의 성경적 세계관을 바탕으로 도여베르트와 폴렌호븐이 발전시킨 기독교 철학을 더욱 확산시키는 것을 주된 목적으로 한다. 네덜란드 기독학자들의 모임인 포럼 쎄(Forum C: forumc.nl)도 흐룬이 뿌린 씨앗의 열매라고 할 수 있으며 신앙과 학문의 통합을 추구한다. 개혁정치연합(GPV: Gereformeerd Politiek Verbond)[14] 및 기독연합당(ChristenUnie)의 연구소는 흐룬 판 프린스터러 재단(Groen van Prinsterer Stichting)이라고 불린다. 이 재단은 기독교적 정치와 관련된 소책자를 흐룬 판 프린스터러-시리즈(Groen van Prinsterer-reeks)라는 이름으로 계속해서 출판했다(Bos, e.a. 1989; Hirsch Ballin, e.a. 1991).

흐룬은 제2차 세계대전 당시 반혁명당원들에게 특히 인기가 있었는데 보수적인 개신교인들은 덜 보수적인 개신교인들을 물리치기 위한 지렛대로 그를 인용하기도 했다. 한편 1949년과 1951년에 자유대학교는 흐룬의 역사관에 관해 비판적 연구를 진행했는데 그가 네덜란드의 흥망성쇠를 하나님의 보상과 심판으로 직접 연결해 결정론적이라는 비판이 있었다. 하지만 교회 역사가 깜쁘하위스(Jaap Kamphuis)는 흐룬을 변호하면서 하나님의 징벌과 보상의 손길은 언약적 인과성이며 결정론적이지 않다는 관점을 제시했다(Kamphuis, 1962). 역사가로서의 흐룬의 명성도 여전히 인기가 있다. 1989년에 설립된 기독 역사가 협회(VCH: Vereniging van Christen-Historici)

---

14 개혁정치연합(Reformed Political Association)은 1948년부터 2003년까지 존재했던 네덜란드 개신교 정당으로 주로 대다수 유권자를 위해 노력한 것이 아니라 주로 그것이 공언한 원칙의 유지와 효과를 위해 노력했다. 그래서 이 당은 증거당이라고도 한다. 2000년에 이 당은 개혁주의 정치 연합(RPF: Reformational Political Federation)과 합병하여 기독연합당(ChristenUnie)이 되었다.

는 상당히 많은 추종자를 보유하고 있고 그들 중 일부는 심지어 외부 공격으로부터 흐룬을 방어하기도 한다. 1976년, 흐룬의 서거 100주년을 기념하여 네덜란드에서는 그를 기념하는 기념 우표도 발행되었으며 그의 이름을 딴 학교들도 힐버숨(Hilversum), 알튼(Aalten), 바렌드레흐트(Barendrecht), 에멘(Emmen) 등 여러 군데 있다. 나아가 그는 카이퍼와 함께 한국에도 소개되어 많은 기독 지성인에게 직, 간접적으로 큰 영향을 미치고 있다.

III. 결론

흐룬의 기독교 세계관은 제네바의 개혁자 칼뱅(Jean Calvin, 1509-1564)의 영향을 받아 하나님의 절대 주권에 기초하여 삶의 모든 영역이 그분의 통치 아래에 있음을 선포하면서 당시 인본주의 세계관의 정체를 드러내었고 그에 맞서 대안으로 기독교 세계관을 주창하는 선구자 역할을 감당했다. 그는 무엇보다 먼저 성경에 기초하여 영적으로 깨어있던 시대의 파수꾼으로서 법학과 문학을 전공한 학자였으며, 네덜란드 국가교회를 개혁하기 위해 헌신했고, 신문을 통해 자신의 기독교적 세계관을 설파한 언론인이기도 했으며, 여러 저작을 통해 분명한 성경적 역사관을 제시한 동시에 기독 교육에도 헌신한 지도자였고 하원의원을 두 번이나 지낸 기독 정치인으로 카이퍼의 멘토가 되어 네덜란드 최초로 기독 정당인 반혁명당이 창당되도록 산파 역할을 했다. 그의 영향을 받은 카이퍼 또한 목회자로서 네덜란드 개신교회를 개혁하기 위해 헌신했으며, 일간신문 및 주간지에 계속해서 사설을 통해 네덜란드 국민을 일깨운 기독 언론인이었으며, 교육자로 암스테르담에 자유대학교를 세워 총장을 지냈고, 하원의원 및 수상을 역임하면서 흐룬이 추구했던 기독교 세계관의 꽃을 피웠고 구체적인 열매를 맺었다. 그러므로 한국의 그리스도인, 특히 기독 지성인도 흐룬의 이러한 기독교 세계관을 올바로 이해하고 적용하여 한국의 정치, 경제, 교육, 문화 등 모든 영역에서 하나님의 나라가 구현되도록 헌신적으로 노력해야 할 것이다.

먼저 정치 영역에서 아직도 한국의 그리스도인과 교회는 이원론적 경향을 보이며 부정적인 관점을 가지고 있다. 즉 정치는 너무나 세속화되어 경건한 신앙인이 추구하기 어려운 분야라는 것이다. 하지만 이 영역 또한 하나님의 주권 아래에 있음을 분명히 기억하면서 앞으로 한국사회에도 흐룬이나 카이퍼와 같은 유능한 기독 정치인이 나타나 하나님의 나라가 정치 영역에도 구현될 수 있도록 모든 그리스도인이 함께 기도하고 연구하면서 노력해야 할 것이다.

흐룬은 또한 복음의 고백자로 살면서 당시 세속적이고 모더니즘적인 인본주의 사상에 대항하여 신앙과 학문 및 삶이 성경적으로 통합된 모범적 지도자였다. 이것은 오늘날 포스트모더니즘 시대를 사는 한국의 그리스도인에게 큰 도전이 된다. 현대 한국사회는 모더니즘보다는 포스트모더니즘이 더 많은 사람에게 영향을 미치고 있는데 이 또한 세속적 인본주의라는 점에서는 흐룬의 시대와 동일하다. 특별히 한국의 기독 지성인은 이 시대 모든 영역에서 복음을 증언하는 동시에 여러 이슈에 대한 구체적이고 성경적 대안을 제시하여 세상을 변화시켜야 한다. 흐룬은 혁명이 불신앙의 열매인 것처럼 올바른 개혁은 믿음에서 시작되어야 함을 강조했다. 가령 이 시대에 우리를 미혹하는 뉴에이지, 포스트모더니즘 등과 같은 다양한 세계관과 현상에 대해 올바르게 이해하고 대표적인 사상가들을 분석한 후 이 세계관의 장단점을 예리하게 고찰한 후 단점에 대한 성경적 대안을 설득력 있게 제시해야 할 것이다(최용준, 2020).

나아가 흐룬은 기독 교육에 헌신하여 기독 사립학교의 독립성과 교육의 자유 그리고 공립학교와 동등한 정부의 재정지원을 끌어내는 데 그의 후계자 카이퍼와 함께 결정적 역할을 했다. 한국에도 선교사들에 의해 많은 기독학교가 설립되어 귀한 인재들을 배출하여 한국사회의 발전에 큰 공헌을 해왔지만, 현재 대부분의 기독 사립학교는 정부의 지나친 간섭과 통제로 신앙적 정체성을 상실할 위험에 처해 있다. 나아가 출산율이 세계 최하위로 떨어지고 다음 세대를 올바로 키우지 못해 청소년들의 복음화율은 거의 미전도종족 수준이다. 따라서 그리스도인 학부모들과 기독 교사들이 단결하여 흐룬 및 그와 함께 한 동지들과 같은 지속적인 노력을 통해 다시금 올바른 기독학교의 정체성을 회복하고 정부의 동등한 지원도 받을 수 있도록 여러모로 노력해야 할 것이다. 특별히 한국에는 세계적인 대형 교회들이 교단별로 있으나 이러한 교회들이 운영하는 기독학교는 매우 적다. 이러한 교회들이 먼저 기독 교육의 중요성을 깨닫고 규모와 관계없이 올바른 신앙교육을 할 수 있는 학교들을 세워 다음 세대의 지도자들을 길러내는데 헌신해야 할 것이다.

요컨대 흐룬은 그의 후계자 카이퍼와 함께 기독교 세계관을 단순한 이론으로 체계화한 것이 아니라 실제로 사회의 여러 영역에 적용하고 실천했다. 즉 공적인 영역에서 자신의 견해를 제시하였고 정책화시켰으며 이를 실현하기 위해 정당을 조직하고 기독 학부모들을 결성하여 기독 학교 운동을 전개했다. 따라서 한국의 기독 지성인들도 성경적 세계관을 이론적으로 정립할 뿐만 아니라 더는 사적인 영역에 두지 말고 정치, 경제, 교육 등 모든 공적 영역에서 구체적인 대안을 가지고 제시함으로 한국사회를 변혁시키는 사명을 감당해야 할 것이다.

성경적 세계관으로 본 학문과 신앙 및 삶의 통합

제3장

아브라함 카이퍼의
학문과 신앙의 통합

본 장은 「신앙과 학문」 2021년 12월, 제26권 제4호(통권 89호), 309-326에 실린 논문을 수정, 보완한 것이다.

I. 서론

네덜란드의 신학자요 정치가이며 언론인이자 교육가였던 아브라함 카이퍼는 1880년 암스테르담에 기독교 대학인 자유대학교를 설립했다. 그가 이 대학을 세운 이유는 국가와 교회의 간섭으로부터 독립된, 그러나 기독교 세계관에 기초하여 학문과 신앙이 통합된 대학으로 미래 국가 지도자와 하나님 나라의 인재를 배출하기 위함이었다. 나아가 그가 1898년에 미국의 프린스턴 신학대학원(Princeton Theological Seminary)에서 명예법학박사 학위를 받으면서 특별 강의를 했던 내용이 『*Het Calvinisme: Zes Stone-lezingen*(칼뱅주의: 여섯 개의 강연)』이라는 제목으로 출판되었다(Kuyper, 1899, 박태현, 2021). 그중 제4장에서 그는 "Het calvinisme en de wetenschap(칼뱅주의와 학문)"이라는 제목으로 신앙과 학문의 통합적 관계에 관해 자세히 설명했다. 그 후, 그가 세 권으로 출판한 『*De Gemeene Gratie*(일반은총론)』에서도 이 주제에 대해 다루고 있다(Kuyper, 1902-1904). 이 세 권 중 학문과 예술 영역만 클로스터만(Kloosterman)이 부분적으로 영어로 번역한 책이 『*Wisdom & Wonder: Common Grace in Science & Art*(지혜와 경이: 학문과 예술에서 일반 은총)』라는 제목으로 출판되었다(2011). 물론 오늘날까지도

성경적 세계관으로 본 학문과 신앙 및 삶의 통합

칼뱅주의(Calvinism)라는 용어에 대한 정의가 분명하지 않다는 비판이 있으며 특히 이런 명칭을 칼뱅도 거부했음은 잘 알려진 사실이다(McGrath, 1991 : 259). 하지만 카이퍼는 하나님의 절대 주권을 강조한 칼뱅의 신학을 정치, 사회, 문화, 예술 등 우리 삶의 모든 영역 및 세계관적으로 확장하여 일반 은총, 세계관, 구조와 방향 및 영적 대립(antithesis)과 같은 중요한 개념들을 발전시켰는데 그의 이런 사상은 '신칼뱅주의'라고 불린다. 이런 점에서 그는 당시의 협소한 칼뱅주의를 극

아브라함 카이퍼
https://upload.wikimedia.org/wikipedia/
commons/3/31/Abraham_Kuyper_1905_
%281%29.jpg

복하면서 신앙과 학문의 통합적 관계에 대해 더 발전된 형태를 위한 토대 마련의 근거를 제시했다고 볼 수 있다.

그동안 이러한 카이퍼의 사상에 관해 국내외에서 많은 연구가 이루어졌으나 그가 학문과 신앙을 통합하려고 노력한 부분에 관해서는 거의 선행 연구를 찾을 수 없다. 카이퍼와 관계없이 신앙과 학문의 통합에 관해 연구한 기독학자로는 미국의 해리스(Robert A. Harris)가 있다(Harris, 2004, 2014). 하지만 기독교 세계관에 기초하여 모든 학문도 그리스도에게 복종하여야 함을 강조한 카이퍼의 사상은 분명히 기독학자들에게 매우 중요한 주제가 아닐 수 없다. 따라서 본 장에서는 그가 어떻게 신앙과 학문이 통합되어야 한다고 주장했는지 그의 다양한 저작들을 통해 고찰해 보고 다른 학자들의 저작도 제시한 후 그의 사상이 어떻게 발전되었으며 남긴 영향은 무엇인지 평가함으로 결론을 맺겠다.

II. 아브라함 카이퍼의 학문과 신앙의 통합

1. 학문과 신앙의 통합 근거

먼저 학문과 신앙이 통합되어야 하는 근거는 하나님의 창조적 주권 때문이라고 카이퍼는 주장한다. 즉 주님께서 이 세상의 만물을 창조하셨고 지금도 다스리시며 마지막에 하나님의 나라를 완성하시므로 우리의 학문 활동도 마땅히 그분의 절대적인 주권 아래에 있다는 것이다. 카이퍼는 이 점을 가장 예리하게 인식한 학자로서 1880년 10월 20일 암스테르담에 자유대학교를 설립하여 총장으로 취임하면서 시내의 신교회에서 "영역주권"이라는 제목으로 개교 연설을 했다. 이 연설에서 그는 자유대학교의 설립 이념을 한 마디로 이 "영역주권"이라고 정의하면서 이 세상의 다양한 영역들은 절대 주권자이신 하나님께서 창조하셨고 따라서 각자 개별적인 주권을 가진다는 것이다. 나아가 만유의 주재이신 그리스도(골로새서 1:16)께서는 우리의 삶의 모든 영역의 한 인치도 "내 것"이라고 외치지 않는 곳은 없다고 강조했다(Kuyper, 1880, 박태현, 2020). 다시 말해, 학문의 영역도 궁극적인 주권은 주님께 있으므로 당연히 학문과 신앙은 만유를 통일하시는 그리스도(에베소서 1:10) 안에서 통합되어야 한다는 것이다. 따라서 그는 자유대학교가 학문과 신앙이 통합된 기독교 대학이 되길 희망했다.

카이퍼의 사상을 계승한 바빙크(Herman Bavinck)도 학문이란 전능하신 하나님의 창조물이라고 보았고(Bavinck, 1897), 도여베르트는 이 점을 더욱 발전시켜 학문은 결코 종교적으로 중립적이 될 수 없음을 강조했다(Dooye-weerd, 1935: 11, 1953: 3-4, Choi, 2000). 필자는 이 카이퍼의 견해에 동의하며 학문과 신앙의 통합을 추구하는 기독학자라면 이견이 없으리라 생각한다. 그렇다면 좀 더 구체적으로 카이퍼가 어떻게 학문과 신앙의 통합을 설명했

성경적 세계관으로 본 학문과 신앙 및 삶의 통합

는지 살펴보겠다.

2. 학문과 신앙의 통합 동기

카이퍼는 학문이란 경험으로 지각한 구체적 현상에서 보편적 법칙을 발견하고 그것으로 현상 전체를 설명하게 될 때 비로소 학문이 가능해진다고 보았다. 또한, 개별 학문은 한 항목으로 모이고 이론이나 가설을 통해 한 원리의 지배 아래에 있어야 하며 이러한 모든 결과를 하나의 유기적 전체로 엮어내면 학문이 성립된다고 그는 설명한다(Kuyper, 1899: 105, 박태현, 2021: 198). 그런데 하나님의 예정 교리는 하나님께서 창조 이전에 가지신 지혜로 만물의 창조를 계획하셨고 그것을 구체적으로 말씀을 통해 통일성 있고 확실하게 이루신다는 것이다(잠언 8장). 따라서 전 우주의 생성, 존재 및 과정은 하나님께서 제정하신 법칙과 질서에 순종하며 자연과 역사 속에는 그 계획을 이행하시는 하나님의 신실하신 의지가 있다고 본다. 또한, 인간은 하나님의 형상으로 창조되어 책임의식을 가진 청지기로서 만물을 이해하고 다스릴 문화적 소명을 가진다(창세기 1:28). 그러므로 이 사명을 이루기 위해 학문은 시작되며, 인간은 이 학문 활동을 통해 창조주의 지혜를 이해하게 되고 이것을 더욱 열심히 할수록 학문은 발전하고 풍성해지며 나아가 이를 올바로 응용하여 창조세계를 올바른 방향으로 개현해 나가야 한다. 그 첫 번째 예로 카이퍼는 아담이 동물의 이름을 짓는 것을 예로 들어 설명한다(Kuyper, 1904: 500-502). 결국, 피조계는 엄밀하고 일관된 법칙으로 만들어진 작품이며 그렇지 않다면 학문은 불가능할 것이다.

따라서 학문은 하나님의 창조적 발명이며, 우리가 뜻을 다하여 하나님을 사랑한다는 것은 바로 이 학문을 올바로 발전시켜 나감을 통해 하나님의 창조세계를 올바로 이해하고 더욱 발전시켜 하나님께 영광을 돌리게 됨을 의미하므로 창조 신앙은 학문을 발전시키는 강력한 동기가 되는 것이다. 따라서 카이퍼가 강조한 성경적 신앙은 만물에 고정된 법칙을 하나님의 주권적 의지에 종속시키고, 그 원인도 이미 수립된 계획에 근거하며, 모든 사물이 전체 창조와 역사의 한 유기적 일부를 형성한다고 믿으면서, 자연법뿐만 아니라 모든 도덕법과 영적 법칙의 확고한 토대와 기원을 하나님의 작정에서 발견한다. 즉 영적 법칙과 자연법은 모두 하나님의 명령에 따라 존재하며 그 안에서 하나님의 경륜은 영원하고 포괄적인 계획을 성취한다고 카이퍼는 설명한다(Kuyper, 1899: 107-108, 박태현, 2021: 200-201).

이처럼 만물의 통일성, 안정성 및 질서를 개인적으로는 예정으로, 우주적으로는 하나님의 작정과 경륜으로 믿는 것이 칼뱅주의적 신앙이므로 이러한 신앙은 학문에 대한 동기를 일깨우고 발전을 장려할 수밖에 없다. 이 통일성, 안정성 및 질서에 대한 신앙이 없다면 학문은 추측을 넘어설 수 없으며 오직 우주의 유기적 상호연관에 대한 믿음이 있을 때, 학문은 구체적 현상에 관한 경험적 탐구에서 일반적인 법칙으로, 그 법칙에서 전체를 지배하는 원리로 나아갈 수 있기 때문이다. 따라서 이러한 성서적 신앙은 통찰의 통일성, 지식의 확고함 및 질서를 요구하며 이 명백한 필요 때문에 지식에 대한 갈망이 되살아난 것이라고 카이퍼는 주장한다(Kuyper, 1899: 108-109, 박태현, 2021: 201-202).

그 구체적이고 역사적인 증거로 그는 1575년에 설립된 네덜란드의 레이든(Leiden) 대학교의 역사적 배경과 그 학문적 성취를 언급한다(Kuyper, 1899: 103-104, 박태현, 2021: 195-197). 네덜란드에서 최초로 세워진 이 대학교는 스페인 필립 2세의 학정에 대해 80년 동안 계속된 독립 전쟁에서 승리한 후 네덜란드 국민의 요청을 받아들인 빌름 1세(Willem I)에 의해 칼뱅의 개혁 신앙을 따르는 대학으로 설립되었는데 이것은 독립 이후 최초로 행한 국가적 프로젝트였다. 이 대학이 설립되면서 네덜란드는 학문 분야에서

성경적 세계관으로 본 학문과 신앙 및 삶의 통합

세계적인 업적을 낳기 시작했다. 카이퍼는 그 예로 저명한 철학자였던 립시우스(Justus Lipsius), 문헌학자였던 헴스터하위스(Tiberius Hemsterhuis), 작가였던 헴스터하위스(François Hemsterhuis) 그리고 임상의학자였던 부어하브(Herman Boerhaave)를 언급한 후 나아가 세계 최초로 과학의 연구에 가장 기초적인 도구인 현미경과 망원경 및 온도계도 네덜란드에서 발명되어 과학 발전에 큰 공헌을 하였음을 상기시킨다(Kuyper, 1899: 104, 박태현, 2021: 196). 즉 리퍼헤이(Hans Lipperhey)는 안경기술자이자 제조업자로서, 1608년에 우연히 볼록렌즈와 오목렌즈 둘을 겹쳐서 먼 곳의 물체를 보았을 때 아주 가깝게 보인다는 사실을 발견하여 망원경을, 얀센(Zacharias Janssen)은 현미경을 발명했으며 판 레우언훅(Antonie van Leeuwenhoek)은 이 현미경을 더욱 개량하여 미생물학을 크게 발전시켰다.

그 외에도 네덜란드의 에디슨으로 불리는 드레블(Cornelius Drebbel)은 온도계 및 세계 최초의 잠수함도 발명했으며 스밤머르담(Jan Swammerdam)은 곤충학 및 생물학에 크게 이바지하였는데 그는 자연을 창조의 비밀을 연구하는 기회로 이해하였고 라위스(Frederik Ruysch)는 식물학 및 인체를 특수 용액에 담아 보존하는 기술을 개발하여 인체해부학 및 의학도 비약적으로 발전시켰다. 나아가 네덜란드는 16-17세기에 동인도 및 서인도회사를 설립하여 전 세계 무역을 독점하는 경제 대국이 되었을 뿐만 아니라 세계 최고 수준의 과학과 기술 및 문화 예술의 황금시대(De Gouden Eeuw)를 열었다.[1] 가령 메르카토르(Gerardus Mercator)는 이미 1538년에 세계 지도를 작성했으며, 하위겐스(Christiaan Huygens)는 진자시계를 발명했고 그 후에도 저온 물리학의 개척자였던 온네스(Heike Kamerlingh Onnes)는 1894년,

---

[1] 이에 관해 네덜란드 vpro방송이 제작한 황금시대 특별 다큐멘터리 참고: 〈새로운 학문(Nieuwe Wetenschap)〉 www.vpro.nl/speel~NPS_1210674~een-nieuwe-wetenschap-de-gouden-eeuw~.html

레이든 대학에 저온 연구소를 창설한 후 이곳에서 액체 공기 · 액체 수소 · 액체 헬륨의 제조에 성공하여 1913년에 노벨 물리학상을 받았다. 이처럼 16세기 이후 근대 과학이 네덜란드에서 꽃피울 수 있었던 것은 기독교 세계관이 밑받침되었다고 카이퍼는 그의 일반은총론에서 설득력 있게 주장한다(Kuyper, 1903: 253).

이 점에서도 필자는 카이퍼의 입장을 지지하는데 이는 그가 구체적인 역사적, 객관적 자료를 제시하기 때문이다. 나아가 암스테르담의 자유대학교 교수였던 호이까스도 그의 책 『Religion and the Rise of Modern Science(근대 과학의 출현과 종교)』에서 근대 과학을 발전시킨 학자들이 대부분 그리스도인이었음을 실례를 들어 주장하고 있다(Hooykaas, 1972, 손봉호, 김영식, 1987).

3. 학문의 영역을 회복한 신앙

나아가 카이퍼는 칼뱅주의적 신앙이 학문의 정상적인 발전을 억눌렀던 중세적 세계관으로부터 학문을 해방하여, 죄가 학문에 작용하여 완전히 잘못된 지식을 낳지 않도록 억제하는 하나님의 일반 은총 교리를 통해 학문을 원래 고유한 영역으로 회복시켰다고 강조한다. 기독 신앙은 본질에서 구원론적이지만 죄인과 성인, 현세와 내세, 지상과 천상이라는 이원적 요소로 구별하면 그 상호 연관성을 보지 못하고 서로를 왜곡할 위험이 있다는 것이다. 가령 중세 천주교는 이러한 오류에 빠져 은혜의 세계인 천상적 요소만 집중하여 명상하다 보니 자연의 세계인 하나님의 창조에 대해 충분한 관심을 기울이지 못했고 영원에 대한 사랑으로 현세적 의무를 다하지 못했으며, 영혼만 보살폈기에 몸에 관한 관심은 게을리했다는 것이다. 그 결과 창조주 하나님은 배제하고 오직 그리스도만 신비적으로 숭배했으며 그리스도는 구

성경적 세계관으로 본 학문과 신앙 및 삶의 통합

주로만 인식되고 그분의 우주론적 주권은 사라졌다고 카이퍼는 날카롭게 지적한다(Kuyper, 1899: 110-111, 박태현, 2021: 207-208).

하지만 성경은 결코 이러한 이원론을 말하지 않는다고 그는 강조한다. 왜냐하면, 사도 요한은 그리스도가 "만물을 만드시고 사람의 생명이신 영원하신 말씀(요한복음 1:1-4; 요한일서 1:1-2)"이라고 했고 바울도 "만물이 그리스도로 말미암아 지음을 받고 존재한다(로마서 11:36)"고 증거하며 나아가 구속 사역의 목적이 죄인의 구원에만 국한되지 않고 온 세상의 구속과 하늘과 땅의 만물이 유기적으로 연합되는 것이라고 말하기 때문이다(에베소서 1:10; 골로새서 1:20). 그리스도도 이 세상에서의 중생만이 아니라 우주가 새롭게 됨을 말씀하시며(마태복음 19:28) 요한이 밧모섬에서 들은 찬송은 천지를 지으신 하나님께 모든 존귀와 찬송과 감사를 돌리는 것이었다(요한계시록 4:11). 그러므로 성경에 계시된 하나님 나라의 완성은 구원받은 영혼들뿐만 아니라 전 우주적 회복이며 그때 하나님은 새 하늘과 새 땅에 모든 것이 되심을 카이퍼는 강조한다(Kuyper, 1899: 111-112, 박태현, 2021: 208-209). 따라서 하나님의 신성과 능력 및 지혜를 나타내는 피조계는 죄로 훼손되었으나 그리스도께서 회복하셨고 마침내 새롭게 완성하실 것이다. 성경적 신앙은 현세적인 삶이 영원한 것을 희생시켜 그 가치를 회복한 것이 아니며 하나님의 손으로 하신 일과 하나님의 속성에 대한 계시이고 그분의 능력으로 회복한 것이다(Kuyper, 1899: 112, 박태현, 2021: 209). 따라서 하나님 나라가 완성되면 신앙과 학문의 통합도 완전해질 것이라고 그는 주장한다(Kuyper, 1903: 680).

그러므로 카이퍼는 칼뱅이 다른 많은 신학자와는 달리 자연을 단지 부수적인 것으로 보지 않았고 안경 비유를 사용하여 한쪽은 성경, 다른 한쪽은 자연이라는 렌즈를 통해 하나님의 생각을 해독할 수 있다고 본 것을 매우 중요시했다. 따라서 자연을 연구하는 학자는 헛되고 어리석은 일들을 추구하면서 그 능력을 허비하는 것이 전혀 아니며 오히려 하나님을 위한 우리의 관심은 창조에서 벗어날 수 없다고 주장했다. 가령 그는 유럽에서 흑사병이 창궐할 때 밀라노에서 단지 사랑으로 환자들을 돌보는 것에만 헌신하다 본인이 감염되어 사망한 보로메오(Carlo Borromeo) 추기경과는 달리 제네바에서 칼뱅은 환자들을 영적으로 돌볼 뿐만 아니라 그들을 격리하는 위생 정책도 시행했음을 상기시킨다. 나아가 암스테르담에서 목회도 하면서 동시에 선박업자로서 천문학과 항해술을 발전시켰던 플란시우스(Petrus Plancius)도 언급한다(Kuyper, 1899: 112, 박태현, 2021: 210-211). 따라서 카이퍼는 칼뱅주의와 인본주의의 차이점과 동시에 유사점도 지적하는데, 즉 인본주의가 하나님을 부인하고 인간의 자율성을 절대시한다는 점은 칼뱅주의가 동의할 수 없지만, 자연의 탐구를 장려한다는 점에서는 서로 동료가 될 수 있다고 보았던 것이다(Kuyper, 1899: 113, 박태현, 2021: 212).

또한, 카이퍼는 일반 은총 교리를 통해 불신 세계도 많은 점에서 뛰어나며, 따라서 '전적 부패'라는 교리가 항상 우리 경험과 부합되지는 않는다고 본다. 하지만 반대로 우리가 이러한 경험에서만 출발한다면 성경적 신앙고백은 땅에 떨어지고 만다고 본다. 왜냐하면, 인간 본성을 부패하지 않은 것으로 보면 중생은 필요 없을 것이기 때문이다(Kuyper, 1899: 114, 박태현, 2021: 213). 이러한 모순을 극복하기 위해 중세적 세계관은 "순수한 자연적인 것(pura naturalia)"이라는 교리로 탈출구를 찾으려 했다고 카이퍼는 설명한다(Kuyper, 1899: 115, 박태현, 2021: 215). 즉 삶에는 지상적 영역과 천상적영역이 있는데 아담은 두 영역에 대한 준비를 잘하였으나 타락으로 천상적인 것을 잃었지만, 지상 생활을 위한 자연적 능력은 거의 손상되지 않았다는 것이다. 따라서 타락한 사람이 자연적인 생활에서 탁월함을 보인다는 인간론 위에 로마 가톨릭교회가 서 있다는 것이다. 하지만 이 체계는 성경적 '죄' 개념이 빠져 있고, 인간 본성에 대해 평가 절하하는 잘못된 이원론이라

성경적 세계관으로 본 학문과 신앙 및 삶의 통합

고 카이퍼는 지적한다. 이 교리에 따르면 성직자는 독신으로 지상적 유대를 끊어 평신도보다 좀 더 높은 자리를 차지하며, 지상의 소유를 버리고 자신의 의지를 희생하는 수도사는 윤리적으로 성직자보다 좀 더 높은 위치에 서고 나아가 모든 지상적인 것과 단절되어 동굴에서 수행하는 고행자는 최고의 완전에 도달한다고 본다. 따라서 교회가 돌보지 않는 것은 모두 저급한 것으로 간주하므로 지상적 영역을 학문적으로 연구하도록 격려하지 않는다는 것이다(Kuyper, 1899: 115, 박태현, 2021: 217).

하지만 성경적 신앙은 이에 대해 근본적으로 반대한다고 카이퍼는 주장하면서 전적 타락이라는 개념과 함께 일반 은총 교리로 타락한 사람 안에 있는 선한 것을 설명한다. 죄는 그대로 두면 홍수 이전 시대처럼 인간 생활이 완전히 타락할 것이다. 그러나 하나님께서는 자신의 피조물이 완전히 멸망하지 않도록 죄를 붙드셨는데, 이것이 일반 은총이며 이로써 하나님께서는 개인과 전체 인류의 생활 및 자연에 개입하셨다. 하지만 죄의 핵심은 이 은혜로 죽지 않으며, 이 은혜는 영원한 생명으로 이끌지 못한다. 그러나 야생 짐승을 길들이듯이, 하나님은 일반 은총으로 사람 안에서 죄의 활동을 억제하되, 부분적으로는 그 세력을 부수시고, 부분적으로는 사람의 악한 영을 길들이시며, 그 나라와 가정을 교화시키심으로써 억제하신다. 그래서 중생하지 못한 죄인도 사랑스럽고 많은 매력을 갖게 되지만 죄의 본성은 여전히 해롭다. 하나님은 이처럼 악을 억제하시며 악에서 선을 내시는 분이시다. 따라서 그리스도인은 우리의 죄성을 비난하는 일에 절대 게으르지 않으면서, 우리를 질서정연한 사회에서 살게 하시고 개인적으로 두려운 죄에 빠지지 않도록 도우시는 하나님께 감사한다. 그리고 인류에게 감추어져 있는 모든 재능을 드러나게 하시고, 일상적 절차에 따라 인류의 역사를 발전시키시며, 지상 교회가 설 자리를 확보해 주시는 하나님께 또한 감사한다. 이러한 신앙고백을 가진 그리스도인은 삶에 대해 전혀 다른 태도를 보인다. 왜냐하면, 교회뿐만 아니라 세상도 하나님께 속하며 이 둘에서 '최고 경영자와 건축가'의 걸작을 탐구해야 한다고 생각하지 다른 학문을 저급하다고 여기며 불신자에게 맡기고 신학과 명상에만 전념하겠다고 말하지 않는다는 것이다. 오히려 하나님의 모든 작품에서 하나님을 아는 것을 사명으로 여기며, 모든 지적 능력을 다해 천상적 사물뿐만 아니라 지상적 사물도 연구하여 자연과 인간 산업의 생산물에서, 인류의 생활과 역사에서 창조 질서를 발견하고 하나님의 일반 은총을 보도록 부르심을 받았다는 것이다(Kuyper, 1899: 116-118, 박태현, 2021: 220-221). 이처럼 성경적 창조와 일반 은총에 대한 신앙은 학문의 본래적 영역을 회복한다고 카이퍼는 강조한다. 이 점에 대해 필자는 카이퍼가 중세적 세계관의 약점을 정확하게 지적하면서 칼뱅의 개혁 신앙이 대안이 되어 학문과 신앙이 통합될 수 있음을 분명히 제시했다고 본다.

4. 학문을 자유롭게 발전시킨 신앙

나아가 카이퍼는 칼뱅주의적 신앙이 학문을 비자연적인 속박에서 구원하여 필요한 자유를 제공했다고 강조한다. 자유와 참된 학문 간의 관계는 공기와 우리 삶의 관계와 같은데 물고기가 번성하려면 물속에서 움직여야 하듯이 학문은 자신의 주제와 밀접한 관계를 유지하고 자신의 고유한 방법이 요구하는 바를 엄격하게 지킬 때 발전할 수 있다는 것이다. 따라서 학문의 자유는 방종이나 무법에 있지 않고 모든 잘못된 속박에서 벗어나는 데 있는데 그 속박이 부자연스러운 것은 학문이 필요한 원칙에 뿌리내리지 않았기 때문이다. 가령 중세 시대에는 국립대학이 없었는데 당시에는 학문이 "학자의 공화국(respublica litterarum)"을 만들었다고 생각했지만, 학문적 자유에 대한 침해는 국가가 아니라 전혀 다른 영역인 교회에서 왔다고 카이퍼는 지적한다(Kuyper, 1899: 119-120, 박태현, 2021 : 222-223).

서구에는 두 가지 지배적인 권력이 있었는데, 곧 교회와 국가였다. 몸과 영혼의 이분법은 이런 세계관이 반영된 것으로, 교회는 영혼이고 국가는 몸이었다. 신학은 학문의 여왕이었고 모든 다른 학문은 신학의 시녀였다. 나아가 교회 권력은 교황에게, 국가 권력은 황제에게 집중되어 교황이 태양이라면 황제는 달이나 별이었다. 이러한 이원론이 갈등을 일으켜 더 높은 통일성이 요구되자 교황과 황제는 대권을 두고 격렬하게 충돌하곤 했다. 이 점에 대해서는 카이퍼가 그의 생애 마지막으로 쓴 두 권의 대작인 『반혁명국가학』 1권에서 자세히 다루고 있다(Kuyper, 1916, 최용준 역, 2023). 하지만 르네상스 이후로 제3의 기관인 대학이 등장하여 교회와 국가와는 독립된 영역임을 주장하였다. 그러나 교황과 황제는 이 세력이 커지는 것을 경계하면서 자신의 통치 아래 두려고 시도했다. 결국, 경쟁에 밀린 대학들은 교황의 도움을 요청하였고, 따라서 다른 대학들도 그 뒤를 따르게 되었다. 그 결과 학문은 독립성을 포기하게 되었고 학문의 영역이 교회와 전혀 다른 영역을 형성한다는 사실이 간과되었다고 카이퍼는 강조한다(Kuyper, 1899: 120-121, 박태현, 2021 : 223-224).

개혁 신앙은 이러한 오류를 바로잡으려고 노력했는데 특히 칼뱅주의적 신앙은 교회 안에서 수직적 위계질서를 제거하고, 그리스도의 권위 아래 공화적이며 수평적인 패러다임을 도입했다. 그 결과 대학을 다스리는 영적인 교회라는 머리는 사라졌다. 그러나 루터교도들에게 그 대학을 다스리는 가시적 머리는 땅의 통치자였고 그들은 이 군주를 '제1주교'로 존경했다. 하지만 교회와 국가를 다른 독립적 영역으로 구분했던 칼뱅주의적 국가들에서는 그런 일이 없었다는 것이다. 이런 나라에서 박사 학위는 여론이나 교회로부터 인정받는 것이 아니라 오직 그 기관의 학문적 특성에서 의미가 있다. 그러자 교회는 다른 압력을 학문에 가했는데 가령 개혁자들의 의견과 출판물에 대해 비난하며 그들을 박해했는데 이는 학문의 자유를 침해한 것이라고 카이퍼는 비판한다. 가령 교회와의 갈등으로 움츠러든 갈릴레오는 침묵하며 상황에 순응했는데 이에 반대하고 맞서면 종교 재판과 단두대가 기다리고 있었기 때문이다. 따라서 학문의 자유로운 탐구의 권리는 보장되지 않았으며 당시 교회는 마치 모든 것을 알고 있다고 착각했다는 것이다(Kuyper, 1899: 121, 박태현, 2021: 226).

하지만 카이퍼는 개혁 신앙인들은 일반 은총 교리를 통해 이런 잘못된 입장을 버렸다고 강조한다. 즉, 교회는 특별 은총의 영역으로 돌아가야 하며, 일반 은총의 넓고 자유로운 영역은 교회의 통치에서 벗어나야 한다는 것이다. 나아가 학문이 발전하기 위해서는 대중의 마음이 자유를 얻어야 했다. 하지만 교회는 삶의 유일한 목적이 하늘나라에 들어가기 위한 것이라고 가르쳤고, 교회가 이 중심 목적과 일치한다고 인정하는 만큼만 사람들은 세상에서 삶을 누릴 수 있었다. 이런 관점에서는 아무도 세상에 관한 연구에 헌신할 수가 없었다. 그러나 성경적 신앙은 땅에 충만하고 정복하며 그 가운데 모든 생물을 다스리라는 창조 명령으로 돌아갈 것을 촉구했다. 순례자로서 그리스도인의 생활은 변하지 않았지만, 영원한 본향을 향해 가는 길에서 지상의 중요한 일을 해야 하는 책임의식을 가진 청지기(responsible steward)가 된 것이다. 따라서 인간은 열정을 갖고 노동에 헌신했고 하나님의 부르심(vocation, Beruf)에 따라 땅의 모든 것은 사람에게 종속되어야 했기 때문에 땅을 정복하기 위해서는 피조계의 속성과 법칙을 아는 것이 필수적이었다. 그 결과 지금까지 학문을 꺼리던 백성들이 새롭고 활기 넘치는 힘으로 자유롭게 학문의 연구와 발전에 박차를 가했다고 카이퍼는 주장했다(Kuyper, 1899: 123, 박태현, 2021: 229). 가령 프랑스에서 네덜란드로 망명한 르네 데카르트와 포르투갈에서 네덜란드로 온 유대인의 후손이지만 범신론으로 출교당했던 바룩 스피노자(Baruch Spinoza) 그리고 프로이센에서

성경적 세계관으로 본 학문과 신앙 및 삶의 통합

온 물리학자로서 수은 온도계를 발명한 파렌하이트(Daniel G. Fahrenheit)도 일반 은총의 영향으로 유럽에서 가장 관용적인 네덜란드에 와서 학문의 자유를 누리며 발전시킨 것도 주목해야 한다.

나아가 카이퍼는 "일반은총론"에서 학문의 독립성을 강조하면서(Kuyper, 1904: 487, Kloosterman, 2011: 33) 교회와 국가는 인간의 타락 이후에 등장한 기관이지만 학문은 이미 하나님의 창조에 포함된 고유한 영역이며 소명인데 이는 인간이 하나님의 형상으로 지음받아 모든 피조물에 담긴 하나님의 창조법칙을 올바로 이해하고 만물을 다스릴 권세가 있기 때문이고, 따라서 학문은 결코 교회나 국가의 산물이 아니며 "하나님의 독특한 창조물(een eigen schepsel Gods)"[2]로서 고유한 원리가 있으며 자유롭게 발전해야 한다고 강조한다(Kuyper, 1904: 488-490). 나아가 그는 『반혁명 국가학』 1권에서 당시에 교회 대신 국가가 학문의 영역을 침범하고 대학에 간섭하는 것도 영역주권의 원리를 강조하며 날카롭게 비판하였다(Kuyper, 1916: 266-268). 동시에 그는 『일반은총론』 2권에서 죄의 파괴적 영향에 대항하기 위해서 신앙과 통합된 학문이 필요함을 이렇게 주장한다(Kuyper, 1903: 512).

> 죄는 영혼(ziel)을 부패하게 하지만 신학과 교회는 이에 대항한다; 죄는 우리의 이해(verstand)를 어둡게 하지만 학문은 이것과 싸운다; 죄는 우리의 육체(lichaam)를 파괴하나 의학은 이것과 싸운다; 죄는 자연(natuur)을 저주하나 자연과학을 통해 우리는 반격할 수 있다; 그리고 죄는 인간 사회(samenleving)도 부패시키지만 우리는 법과 정의를 연구함으로 이에 대항할 수 있다.

따라서 카이퍼는 신학, 인문학, 의학, 자연과학, 법학이야말로 대학 내

---

2 이 표현은 바빙크의 저작에서 카이퍼가 인용한 것이다(Bavinck, 1897: 125).

에 가장 필수적인 학부라고 보면서 여기서 신앙이 학문과 분리되어서는 안되며 반드시 통합되어야 함을 강조했다. 이런 의미에서 카이퍼는 대학이야 말로 죄의 비참함으로부터 극복할 수 있는 매우 강력한 수단이며 일반 은총의 영역에서 올바른 도구라고 주장했다. 나아가 모든 학문의 원리와 근본은 일반 은총의 기원이신 주님을 경외하는 것이며(잠언 1:7) 그분을 찾는 사람은 모든 것을 깨닫는다(잠언 28:5b)고 말한다(Kuyper, 1903: 513, Kloosterman, 2011: 48).

도여베르트는 이 카이퍼의 사상을 더욱 발전시켜 그의 독특한 기독교 철학 체계인 '우주법 이념 철학(*Wijsbegeerte der Wetsidee*)'을 정립하였으며 (Dooyeweerd, 1935-1936) 나아가 학문적이고 이론적 사고는 결코 종교적으로 중립적이 될 수 없음을 그의 선험적 비판을 통해 명쾌하게 보여주면서 각 학문적 양상에도 영역주권이 있음을 강조했다(Dooyeweerd, 1953-1958, Choi, 2000). 필자 또한 카이퍼가 이 점에서 영역주권의 원리를 분명히 발견하여 학문의 독립적 영역을 보장한 것은 매우 중요한 공헌이었고 이것을 기초로 자유대학교를 설립하여 국가나 교회의 간섭을 받지 않고 독립적으로 학문과 신앙을 통합할 수 있는 기독교 대학으로 발전시키는 분명한 비전을 제시했으며 그 결과 후학들을 통해 많은 열매를 맺었다.

5. 학문적 갈등에 해법을 제시한 신앙

마지막으로 카이퍼는 불가피한 학문적 갈등에 대한 원인을 명확히 밝혀낸 후 칼뱅주의적 신앙은 이에 대해 해법을 제시했다고 강조한다. 그는 먼저 모든 학문은 신앙을 전제하며 양자 간에 갈등은 존재하지 않는다고 주장한다. 나아가 모든 신앙은 말로 표현되고 이 말들은 사상의 구현이 되어야 하며 이 사상은 우리의 상황과 상호관계를 맺게 되는데, 학문의 자유로운

성경적 세계관으로 본 학문과 신앙 및 삶의 통합

탐구는 이론적 충돌을 낳을 수 있고, 그 결과 여러 학파나 사조가 생기지만, 이러한 논쟁들은 결국 원리(beginsel)의 갈등에 기인한다는 것이다. 즉 삼위일체 하나님과 그 말씀에 대한 신앙을 가진 사람들과 이신론, 범신론 또는 자연주의에서 해결책을 찾으려는 사람들 간의 영적 대립(antithesis)이라는 것이다. 신앙이 우리 의식에 빛을 비추면 학문과 논증의 필요가 생겨나므로 갈등은 신앙과 학문 사이에 있는 것이 아니라, 현존하는 우주가 정상적인 상태인가 비정상적인 상태인가 하는 신앙적 관점 간에 존재한다는 것이다. 만일 우주가 정상이라면, 우주는 잠재력에서 이상(ideal)으로 가는 영원한 진화로 움직이겠지만 우주가 비정상이라면, 과거에 혼란이 일어났고 그 목적의 최종 달성을 보증할 수 있는 것은 중생의 능력뿐이다. 따라서 카이퍼는 학자들을 "정상론자들(Normalisten)"과 "비정상론자들(Abnormalisten)"로 나눈다(Kuyper, 1899: 123-125, 박태현, 2021: 231-232).

정상론자들은 자연적 자료에만 의존하며 모든 현상에서 같은 해석을 발견하려고 한다. 따라서 이들은 원인과 결과의 논리적 추론을 파괴하거나 제어하려는 모든 시도를 반대한다. 이들도 형식적 의미에서 신앙을 존중하지만, 이것이 인간의 일반적 자료와 조화를 이루는 한에서만 그렇다. 기적은 부인하며, 냉혹한 방식으로 지배하는 자연법만 존재하고 죄란 없으며 저급한 도덕에서 고등한 도덕으로의 진화만 인정한다. 이들은 성경을 인간의 작품으로 보며 논리적으로 설명할 수 없는 부분을 모두 제거하는 조건에서만 허용한다. 필요에 따라 그리스도도 인정하지만, 그분은 이스라엘의 역사적 발전이 낳은 산물로 본다. 하나의 신 또는 최고 존재는 인정하지만, 그분은 가시적 우주 뒤에 숨어 있거나, 모든 사물 속에 있거나, 인간 지성의 이상적 반영으로 간주하는 존재를 말한다. 따라서 이들은 창조 개념을 거부하며, 진화만 받아들인다고 카이퍼는 지적한다(Kuyper, 1899: 125, 박태현, 2021: 232).

반면에 비정상론자들은 상대적 진화는 수용하나 무한한 진화는 반대하며 창조를 고수한다. 이들은 인간을 하나님의 형상이 반영된 유일한 존재이지만 죄가 그 본성을 파괴했으며 하나님에 대한 거역으로 본다. 따라서 이러한 비정상적인 상태를 회복하는 유일한 수단으로 중생, 성경 그리고 그리스도 안에 있는 구속을 주장하며 삼위일체 하나님 안에서만 이상적 규범을 발견한다고 카이퍼는 말한다(Kuyper, 1899: 125-126, 박태현, 2021: 233).

카이퍼는 이 두 학문체계가 각자의 신앙을 가지고 대립하여 양자 모두 인간 지식의 전체 영역을 주장하며 최고 존재에 관한 관점을 각자 세계관의 출발점으로 본다. 이 두 체계는 서로를 인정하는 상대적인 대립자가 아니라 전체 영역에서 서로 주장하고 있어 자신의 주장을 전체 체계로 세우는 노력을 단념할 수 없다. 그렇지 않다면, 그들은 자신의 출발점을 온전히 믿지 않는 것이다. 성경의 가능성을 자신의 체계에 작게라도 가진 정상론자는 이중적이고, 중생과 그리스도와 성경을 전제하는 비정상론자가 창조를 진화로 변형시키면 이 역시 마찬가지다. 따라서 양자는 근본적으로 그 출발점이 다르며 그 기원에도 공통점이 전혀 없다. 그러므로 우리는 둘 중 하나만 선택할 수 있고 어느 것을 택하던 모든 것에서 일관성이 있어야 한다고 그는 주장한다(Kuyper, 1899: 126-127, 박태현, 2021: 233-234).

나아가 비정상론은 오랫동안 별로 도전을 받지 않았다고 카이퍼는 말한다. 물론 르네상스가 불신앙적 경향을 은근히 장려했고 인문주의는 그리스 로마의 이상을 향한 열정을 창출했으며, 중세 말엽 정상론자의 반대가 시작되었지만, 그 후 수 세기 동안에도 전통적인 학문체계의 기초는 손대지 않았다. 그러나 18세기에 들어와 반대 의견이 본격적으로 중심에 자리를 잡게 되었고 새로운 철학은 최초로 일반적 수준에서 기독교 세계관적 원리를 전적으로 부인한다고 선언했다. 그 결과 비정상론을 반대하는 다양한 학문체계가 발전하여 법학, 의학, 자연과학, 역사학의 영역에서 무한한 정상적 과정이라는 새로운 가설을 학문 탐구의 출발점으로 도입했다. 결국, 정상론적 세계관이 중심에 서서 세계를 정복했다고 카이퍼는 분석한다(Kuyper, 1899: 127-128, 박태현, 2021: 236-237).

하지만 카이퍼는 개혁주의적 신앙이 이러한 학문의 원리적 갈등을 해결하기 위해 인간의 의식으로 돌아간다고 말한다. 모든 학자는 자신의 의식에서 출발하지 않을 수 없는데 이 의식은 사물의 비정상적 특성 때문에 모든 사람에게 같지 않다는 것이다. 어떤 사람에게는 죄의식이 강하지만 다른 사람에게는 약하거나 전혀 없고, 어떤 사람에게는 신앙의 확실성이 분명하나 다른 사람은 그것이 무엇인지도 모르며 어떤 이에게는 "성령의 증거(*Testimonium Spiritus Sancti*)"가 있으나 다른 사람은 이를 전혀 느끼지 못한다. 이 죄의식, 신앙의 확실성 및 성령의 증거는 칼뱅주의적 신앙의 의식을 구성하는 요소인데 정상론자는 이를 인정하지 않고 자기의식을 강요하며 다른 사람의 의식도 자신의 의식과 같아야 한다고 주장한다. 하지만 자신의 의식과 다른 사람의 의식이 다를 수 있다는 점에 동의하는 순간, 사물의 정상적 조건은 허물어진다고 카이퍼는 주장한다(Kuyper, 1899: 129-130, 박태현, 2021: 239).

또한, 카이퍼는 칼뱅처럼 사람의 마음에 "신적 의식"과 "종교의 씨앗"이 있다고 보지만 칼뱅이 신자의 의식과 불신자의 의식이 일치하지 않을 수 있다고 말한 것도 사실이다. 거듭나지 않은 사람은 죄에 대한 참된 지식을 가질 수 없으며, 회개하지 않은 사람은 신앙의 확실성을 가질 수 없고, 성령의 증거가 없는 사람은 성경을 믿을 수 없다(요한복음 3:3; 고린도전서 2:14). 이렇듯 의식의 단절을 모르는 정상론자(비중생자)가 있고, 단절과 변화에 대한 경험을 가진 비정상론자(중생자)가 있다. 따라서 양자의 논리적 결론은 일치할 수 없다는 것이다. 하지만 이러한 해결책에도 학문이 평가 절하되거나 무시되지 않으며, 정상론자의 학문과 비정상론자의 학문의 차이는 탐구의 다른 결과에 있는 것이 아니라 두 의식의 차이점에 있다는 것이다(Kuyper, 1899: 130-131, 박태현, 2021: 240).

　오래전 대학에는 비정상론적 입장을 학문의 공리로 보았고 따라서 소수의 정상론자는 교수직을 얻기 어려웠고, 박해를 받기도 했다. 그러나 이제는 정상론자들이 영향력을 행사하며 더 많은 교수직을 차지하고 있다고 카이퍼는 보며 21세기에도 마찬가지이다. 그 결과 비정상론자는 공적 위치에서 추방되고 있어 기독 학자들은 이 근본적인 영적 싸움을 피할 수 없다. 현재 많은 대학은 학문적 능력만이 교수직을 차지하는지를 결정한다고 가정하지 원리적 차이로 두 노선이 대립한다고 보지 않는다. 하지만 양자의 갈등이 커질수록 대학 생활을 분리할 필요가 있으며, 학문은 체계를, 교훈은 일관성을, 교육은 통일성을 가져야 하는데 이 원칙에 서 있는 한 모든 부자연스러운 갈등에서 벗어날 수 있다고 카이퍼는 보았다. 또한, 칼뱅주의적 신앙이 열어준 학문의 자유는 그 원리로부터 학문적 추수를 할 수 있는 충분한 힘을 보장함으로 결국 승리할 것이라고 카이퍼는 확신하여(Kuyper, 1899: 131-133, 박태현, 2021: 247) 자유대학교를 통해 신앙과 통합된 학문을 발전시키려 했다.

　도여베르트 또한 이 카이퍼의 사상을 발전시켜 인간의 존재의 뿌리인 동시에 학문이 성립되는 중심인 '마음(hart)'이 절대자를 향하여 어떤 방향으로 나아가는가에 따라 학문과 신앙의 통합적 결과가 달라짐을 그의 선험 철학에서 명쾌히 밝히고 있다(Dooyeweerd, 1935, 1953). 필자도 카이퍼가 학문의 전제가 되는 신앙을 분명히 밝힘으로 어떤 학문도 중립적이지 않다는 사실을 명확히 했다고 보며 이 점은 클라우저(Roy Clouser)도 매우 강조했음을 볼 수 있다(Clouser, 2005, 홍병룡, 2019).

　　　　　　　　　성경적 세계관으로 본 학문과 신앙 및 삶의 통합

III. 결론

지금까지 카이퍼가 학문이 신앙과 어떻게 통합될 수밖에 없는지 설명한 내용을 그의 저작들을 통해 고찰해 보았다. 먼저 학문과 신앙이 통합되어야 하는 근거는 칼뱅이 강조한 하나님의 창조적 주권 때문이며, 만물의 통일성, 안정성 및 질서에 대한 하나님의 예정과 경륜에 대한 신앙은 학문에 대한 동기를 일깨우고 발전시키며, 나아가 일반 은총 교리를 통해 학문을 중세적 억압으로부터 원래적인 고유한 영역으로 회복시켰고, 영역주권을 주창하여 학문을 비자연적 속박에서 해방하여 자유를 주었으며, 정상주의와 비정상주의 간의 원리적인 대립을 구별함으로 불가피한 학문적 갈등에 대한 해법을 발견했다는 것이다.

이러한 카이퍼의 통찰력은 더욱 확대되어 '신칼뱅주의'라고 불리게 되었고 이후에도 여러 영역에서 계승, 발전되고 있는데 가령, 카이퍼의 후계자들은 전 세계에서 다양한 활동을 통해 학문과 신앙의 통합을 위해 노력하고 있으며 이 분야에서 가장 그의 사상을 계승 발전시킨 대표적인 학자는 학문적 사고 자체에 대해 선험적 비판을 시도하여 학문이 결코 신앙적 전제와 무관하지 않음을 증명한 도여베르트라고 할 수 있다. 나아가 카이퍼의 후계자들이 모인 대표적인 웹사이트로는 allofliferedeemed.co.uk가 있다. 가령 정치학에서는 스킬런(James Skillen), 예술 분야는 로끄마커(Hans Rookmaker)와 지어벨트(Calvin Seerveld), 경제학에서는 하웃즈바르트(Bob Goudzwaard), 기술 분야는 반 리센과 스휴르만(Egbert Schuurman) 등을 들수 있다. 또한, 네덜란드의 젊은 기독학자들이 신앙과 학문을 통합하려는 노력으로 포럼C(ForumC)가 있으며 독일에는 마르부르크(Marburg)에 있는 신앙과 학문연구소(Institut für Glaube und Wissenschaft)가 같은 비전으로 사역하고 있다. 영국에는 리즈(Leeds)에 thinkfaith.net이 있어 젊은 기독학자들을 중심으로 기독교적 사고가 삶의 모든 영역을 어떻게 변화시키고 풍요롭게 하는지 탐구하고 있고, 미국 그랜드 래피즈에 있는 칼빈대학교의 칼빈 기독학문센터(Calvin Center for Christian Scholarship)가 교수들의 통합 연구를 지원하며 텍사스의 베일러대학교(Baylor University)에도 신앙과 학문연구소(Institute for Faith and Learning)가 활동하고 있다.

기타 실제 정치 영역에서는 네덜란드에서 기독 민주연합(CDA: Christen-Democratisch Appèl)과 기독연합당(CU: Christen Unie), 교회는 네덜란드 개신교회(PKN: Protestantse Kerk Nederland)와 미국 및 캐나다의 기독개혁교회(CRC: Christian Reformed Church), 대학은 미국의 칼빈대학교와 카이퍼 대학(Kuyper College)과 돌트대학(Dordt College), 워싱턴에 있는 공적 정의 센터(The Center for Public Justice), 커버넌트 대학(Covenant College), 캐나다 토론토(Toronto)에 있는 기독 학문연구소(Institute for Christian Studies), 리디머대학교(Redeemer University) 기타 카이퍼 재단(The Kuyper Foundation) 등이 있다.

하지만 그가 언급했고 공부했던 레이든 대학교는 자유주의 신학을 받아들였고 1876년에 법이 개정되면서 신학부는 종교학부로 바뀌어 개혁주의적 교수들은 더는 임명되지 않았다. 이를 직시했던 카이퍼는 자유대학교를 설립하여 세속화된 학문과 대학을 개혁하려 했으며 이를 위해 모든 학문과 삶의 분야가 그리스도의 빛과 성령의 조명을 받아야 함을 강조했다. 하지만 1980년 이후 이 자유대학교도 세속화의 영향으로 기독교 대학으로서의 정체성은 매우 약화했는데 이것은 우리에게 분명한 경고를 한다고 말할 수 있다. 즉 아무리 한 대학이 기독교 대학으로 출발하였다고 할지라도 언제든지 세속화될 수 있다는 것이다. 이것은 미국의 하버드 대학 등 여러 기독교 대학도 예외가 아니며 국내 기독교 대학도 마찬가지다. 그런데도 아직 한국에는 적지 않은 기독교 대학들과 기독교세계관 학술동역회가 카이퍼의 사상

성경적 세계관으로 본 학문과 신앙 및 삶의 통합

을 계승하고자 노력하면서 학술지 「신앙과 학문」도 발간하고 있지만, 앞으로 그의 유산을 더욱 발전시켜 더욱 통합된 연구 업적이 많이 나타나길 바란다.

제4장

아브라함 카이퍼의 국가관: 『반혁명 국가학』을 중심으로

본 장은 「신앙과 학문」 2023년 3월, 제28권 제1호(통권 94호), 297-314에 "아브라함 카이퍼의 국가관에 관한 고찰: 『반혁명적 국가학(Antirevolutionaire Staatkunde)』을 중심으로"라는 제목으로 실린 논문을 수정, 보완한 것이다.

I. 서론

아브라함 카이퍼는 네덜란드가 낳은 위대한 개혁주의 신학자, 교육자, 언론인인 동시에 정치가였다. 지금까지 그의 사상에 관해 국내외에서 다양한 연구가 이루어졌다(allofliferedeemed.co.uk/kuyper.htm, Snel, 2020, 정성구, 2010). 하지만 그의 생애 마지막에 헌신한 정치 및 국가학 분야에 관해서는 비교적 연구물이 적은 편이다. 해외에서는 영국의 정치 신학자 채플린(Jonathan Chaplain)이 카이퍼의 후계자인 도여베르트의 국가 및 사회관에 관한 저서를 출판했으며(Chaplain, 2011), 국내에서는 김종원이 도여베르트의 국가관에 대해 다룬 논문은 있으나(김종원, 2016) 정작 카이퍼의 국가관을 깊이 다룬 논문이나 저서는 거의 없다.

필자는 최근에 카이퍼가 마지막으로 남긴 두 권의 방대한 저서 『반혁명 국가학』 중 1권 전체와 2권의 절반(Kuyper, 1916-17)을 한국어로 번역하게 되면서 그의 국가관을 좀 더 깊이 살펴볼 수 있었다(최용준, 임경근 역, 2023). 따라서 본 장에서는 이 책에 나타난 그의 국가관을 다른 저서들과 관련 문헌들 및 다른 학자들의 견해와 비교하면서 고찰하고자 한다. 지면의 한계상 그의 책에 나타난 방대한 내용을 모두 다룰 수는 없고 먼저 국가의 명칭과

성경적 세계관으로 본 학문과 신앙 및 삶의 통합

본질을 살펴본 후 국가의 세 요소인 국민, 국토 및 주권을 차례로 다루어 보겠다. 그 후에 중앙 정부, 국가의 목표 그리고 국제 관계에 대한 그의 사상을 논의, 평가하고 그의 국가관이 현대 한국 상황에 주는 함의가 무엇인지 결론에서 제시하고자 한다.

II. 아브라함 카이퍼의 국가관: 반혁명 국가학을 중심으로

1. 국가라는 명칭

카이퍼는 『반혁명 국가학』1권 2장에서 '국가'라는 명칭은 18세기가 되어서 비로소 보편화되었다고 지적한다. 가령 성경에도 '국가'라는 명칭이 전혀 없으며 단지 민족들(de volken)을 말하며, 고임(גּוֹיִם: 창세기 14:1 등) 또는 에트네(ἔθνη: 마태복음 6:32 등)와는 달리 이스라엘에서는 하암(הָעָם: 호 2:1 등) 또는 라오스(λαὸς: 마태복음 4:16 등)라고 하지만 정치적 맥락을 가진 일반적인 이름은 나타나지 않는다. 나아가 성경에 제국(Rijk, מַלְכוּת)이라는 표현은 나타나며 하나님 나라의 의미와 지상의 군주가 통치하는 국가라는 의미에서 세계적 제국도 있지만(다니엘 7:14), '국가'라는 단어 또는 이에 상응하는 표현은 나타나지 않는다고 그는 말한다.

또한, 고대 그리스 시대에도 국가라는 표현은 없었으며 국가들(staten)이 아니라 도시들(steden)이 존재했고 따라서 도시(stad)를 뜻하는 폴리스(πόλις)라는 단어에서 정치(politiek)라는 개념이 나왔다고 그는 지적한다. 로마인들은 왕국(regnum)과 제왕권(imperium), 원로원(Senatus populusqae) 또는 공화국(res publica)이라는 일반적인 용어 외에도 도시(civitas), 시(urbs) 및 지방자치단체(municipium) 등의 표현을 사용했다고 카이퍼는 분석한다(Kuyper, 1916: 87-88).

중세에는 신성로마제국(Heilige Römische Reich)[1]이 유럽 전체의 통일을 다시 시도했을 때, 다양한 기독교 국가들이 이 제국에 의존하는 경향이 나타났다고 카이퍼는 말한다. 하지만 황제와 교황 간 갈등의 결과로 이탈리아에서는 도시 자유 국가가 출현하였고 라틴어로 이것은 civitas(도시)라고도 불리며 고대에는 res publica(공화국)로 불렸고, 이탈리아 공화국은 일반적으로 엘 스타토(el stato)라고 불렸다. 르네상스 시대 이탈리아 사상가요 정치철학자였던 니콜로 마키아벨리(Niccolò Machiavelli, 1469-1527)는 이 이탈리아어를 일반적 개념으로 사용하면서 그의 『군주론(Il Principe)』 첫 페이지에서 "모든 국가는 … 공화국 또는 군주제이다(Tutti li stati,… sono o repubbliche o principati)"라고 말했다(Machiavelli, 1532: 3). 그리고 이것은 프랑스 종교 개혁기의 법학자이자 사상가인 장 보댕(Jean Bodin, 1530-1596)이 1577년에 출판한 그의 『공화국에 관한 여섯 권의 책(Les Six Livres de la République)』에서 국가(état)에 대해 말하면서 프랑스 문학에도 소개되었다. 여기서 주목할 사실은 보댕이 그의 작품 제목으로 붙인 공화국(de republiek)은 군주제에 대한 반대가 아니라 현재 우리가 국가라고 부르는 것에 대한 일반적인 표현으로 말하고 있다는 것이다. 반면에 게르만 국가에서는 국민을 위한 국가(Staat)라는 단어가 정치적 맥락에서 널리 사용되기까지는 훨씬 더 오래 걸렸는데 공식적으로는 1794년에 프로이센(Preußen)[2]의 일반 토지법(algemeene Landrecht)에서 처음 발견되었다고 카이퍼는 지적한다(Kuyper, 1916: 89).

---

1 신성 로마 제국(Sacrum Romanum Imperium)은 중세 초기에 형성되어 1806년 해체될 때까지 중앙 유럽에서 발달한 다민족(대부분이 독일계) 영토복합체. 그 영토 가운데 중 가장 큰 것이 독일 왕국이었고, 그 외 보헤미아, 부르군트 및 이탈리아 왕국 등이 있었다.

2 프로이센(Preußen)은 1947년까지 독일 북부에 있었던 주로서 1918년까지는 베를린을 수도로 한 호엔촐레른(Hohenzollern)가의 왕국으로 발트족의 일파인 프루사(Prūsa)에서 그 이름을 땄다.

성경적 세계관으로 본 학문과 신앙 및 삶의 통합

카이퍼에 따르면 근대에 사용되는 표현들은 독립된 권력을 차지한 특정 집단을 언급하고 그 집단의 권력을 대표하는 이름으로 국가(staat)라 불렀다. 따라서 이 지위는 스스로 생성된 것이 아니라 대표권 또는 양도에 의한 것이었으며 국가라는 단어가 파생된 라틴어(Status)는 어떤 식으로든 분야나 지위가 아니라 원래 상태(toestand)에 불과하다는 것을 항상 염두에 두어야 한다고 그는 강조한다. 즉 전체 인구에서 더 높거나 덜 독립적인 위치를 차지한 집단은 그 후 자신의 지위를 형성했고, 국가는 이러한 위치를 차지한 사람 위에 있으며 그 집단에 관계된 권력을 대표한다는 것이다(Kuyper, 1916: 91). 현대에 국가라는 단어는 보통 일정한 영토가 있고 조직된 정치 형태인 정부를 가지고 있으며 대내외적 자주권을 행사하는 정치적 실체로 사용되고 있는데 이는 카이퍼의 설명과 부합한다고 볼 수 있다.

2. 국가의 본질: 일반 은총의 산물

카이퍼는 이처럼 국가의 명칭과 기본 개념이 불안정한 것은 죄가 인간의 삶과 세계에 일으킨 혼란과 관련이 있다고 지적한다. 즉 국가는 원래 하나님의 창조 계획에 포함되지 않았으며 타락의 결과로 나타났기 때문이라는 것이다. 다시 말해, 국가란 타락 후 인간사회가 받아들여야 했던 깨어지고 죄 많은 상태의 결과이며 이것은 타락한 세상이 계속되는 한 지속할 것이다(Kuyper, 1899: 72, 박태현, 2021). 즉, 국가는 타락의 쓰라린 결과와 그와 관련한 죄와 저주의 결과를 완화하기 위하여(창세기 9:6) "일반 은총(gemeene gratie)"의 산물로 주어졌으므로 국가는 인류의 삶에 원천적으로 유기적인 현상이 아니라 우리 사회에 죄가 닥친 결과 나타난 파열 이후 신성한 의사인 창조주께서 허용한 외과적 붕대(chirurgisch verband)이며 따라서 다른 모든 붕대와 마찬가지로 본질에서는 비정상적인 것이다(Kuyper, 1902 Eerste

Deel: 78-80, Derde Deel: 27). 우리가 붕대를 사용할 경우는 골절, 상처 또는 질병으로 신체의 자연스러운 움직임이 가능하지 않을 때이며 따라서 국가는 이 수술용 붕대처럼 신체의 필수적인 부분이 아니라 추가, 보존 및 회복하는 치료적 도구라고 카이퍼는 강조한다(Kuyper, 1916: 98). 이는 카이퍼의 성경적 국가관을 이해하는 데 중요한 첫 번째 요점이다.

나아가 그는 타락 이후에 파괴된 인간의 삶과 하나님 나라(het Koninkrijk Gods)의 통일성을 대조하면서 하나님 나라에는 더 이상 국가들의 분열이 없고 완전히 다른 방식으로, 어떤 것도 방해할 수 없고 깨어지지 않는 유기적 통합만 있다고 강조한다. 완성, 즉 완전한 복원이 실현되면 이 붕대는 그 목적을 달성한 후 성가신 것이 되므로 제거될 것이다. 죄와 비참함에서 구속된 인류사회에서는 더 이상 국가, 정부 그리고 판사가 필요 없는데 이는 마치 두 발의 조화로운 사용을 되찾은 지체장애인이 자연스럽게 그가 의지하던 목발을 버리는 것과 같다는 것이다. 다시 말해, 국가는 일시적이고 잠정적인 것이다.

그렇다면 우리가 국가를 무시해도 되는가? 카이퍼는 그렇지 않다고 주장한다. 왜냐하면, 국가는 시각 장애인을 위한 안경, 청각 장애인을 위한 보청기, 마비된 사람들을 위한 휠체어와 같기 때문이다. 지체 장애인에게 목발만큼 귀한 가치를 지닌 것은 없다. 이것들은 인간사회의 결함이 지속하는 한 도움이 되며 최고의 가치를 갖지만, 완전한 회복이 이루어지면 폐기될 것이다. 따라서 국가 또한 타락한 우리에게 주신 하나님의 은혜로운 선물 중 하나이지만, 완성 이후에 오는 천국에서는 모든 국가가 자동으로 그리고 반드시 폐지되어야 한다고 카이퍼는 주장한다(Kuyper, 1916: 98-99). 이러한 국가관은 다른 일반 학자들에게서 찾아볼 수 없는 독특한 입장인데 일반 학자들은 국가의 탄생을 고대 농업 사회가 정착하면서 생겨났다거나(Wang, 2021: 175-198) 전쟁으로부터 안전 보장을 위해, 무역을 위한 경제적 이해관

성경적 세계관으로 본 학문과 신앙 및 삶의 통합

계로 또는 각종 집단의 갈등을 해결하기 위한 수단 등으로 설명하는 반면 (Spruyt, 2002: 127-149), 카이퍼는 창조, 타락, 구속 및 완성이라는 성경적 세계관으로 설명하기 때문이다.

3. 국가의 첫 번째 요소: 국민

국가는 보통 하나 이상의 민족으로 구성되며 어느 정도 정의된 영토와 정부를 소유한 사람들의 공동체이고, 일반적으로 언어, 역사, 민족, 문화 및/또는 사회와 같은 공유된 특징의 조합을 기반으로 형성된다. 카이퍼는 국가의 첫 번째 요소인 국민에 대해 『반혁명 국가학』 1권 5장에서 다루면서 이 '국민(het volk)'은 원래 대량, 많음, 다수라는 단어에서 나왔다고 설명한다. 이런 의미에서 이것은 게르만어에서 국민(volk, folc, fölk 및 volck)으로 나타나며 라틴어에서 포풀루스(populus)라는 단어는 같은 부족의 사람들을 가리킨다. 이러한 전환은 주로 리투아니아어에서 발생하여 국민(volk)은 pulkas로 적고, 고대 슬라브어에서는 더 짧은 pl'k, 보헤미아 또는 체코어는 pluk이라고 적는다. 여기서 이 단어들과 라틴어를 비교해보면 pla, ple에서 plenus, plebes가 유래되었고, populus는 민족(volk)과 같은 어원으로 "다수"라는 의미이다(Kuyper, 1916: 147).

나아가 카이퍼는 국민이라는 단어를 세 가지 다른 용도로 구별하는데 첫째로는 우리가 중국인, 흑인, 몽골인 등을 말하듯 기원, 특성 및 언어에 의해 구별된 집단을 형성하는 인류의 한 부분이며, 둘째로는 비슷한 특성을 가진 집단으로 이해할 수 있는데 가령 독일에 사는 독일인들과 멀리 떨어져 있는 독일인 집단의 경우가 해당한다. 그리고 세 번째로 기원과는 전혀 상관없이 같은 국가에 사는 거주자들이라는 의미로 사용된다(Kuyper, 1916: 154).

한 국민의 통일성은 언어의 통일성으로 가장 분명하게 표현되는데 특히 그 언어가 사람들을 지탱해주면 생활의 의미를 찾는 데 도움이 된다고 카이퍼는 말한다. 이 언어에는 네 가지 현상이 나타나는데 먼저 독일, 스칸디나비아, 중국, 일본 등의 경우처럼 자국어를 거의 혼합하지 않은 국민이 있고, 둘째로는 자신의 언어를 관리할 수 있었으나 네덜란드 경우처럼 혼합을 허용했던 국민이 있으며, 셋째로는 영어처럼 두 언어가 혼합되어 새로운 형태의 언어를 낳은 국민이 있고, 마지막으로는 원래의 언어를 버리고 완전히 다른 언어로 교체한 국민이 있는데 특히 불가리아 국민이 그런 경우로 원래 그들의 언어는 핀란드어였지만 슬라브족이 되어 현재 불가리아어인 슬라브어를 발전시켰다는 것이다(Kuyper, 1916: 162-163).

카이퍼는 일반 은총의 관점에서 국민을 가족, 성별 및 개인으로 분류하면서 이들은 각각 농업, 무역, 산업 등의 영역에 종사하며 서로 관계를 맺게 되는데 이것을 사회(de maatschappij)라고 부르며 여기서 각 영역으로 나뉜다(Kuyper, 1904: 80-81). 이러한 국민은 정부에 대하여 결코 양보할 수 없는 다양한 권리와 자유(de rechten en de vrijheden)를 가진다(Kuyper, 1904: 81). 따라서 카이퍼는 국가 주권(Staatssouvereiniteit)을 강조한 국가 절대주의를 비판하였고 네덜란드가 스페인의 절대 왕정에 대항하여 독립전쟁을 80년간 치른 후(1567-1648) 마침내 독립을 쟁취한 것을 정당화하면서 국민 주권(Volkssouvereiniteit)을 주장했다(Kuyper, 1904: 82). 결국, 정부가 가진 권위(het Gezag)도 국민에게서 나온 것이기 때문이라는 말이다(Kuyper, 1904: 84). 이것은 후술하겠지만 카이퍼가 칼뱅과 같이 군주제나 귀족정이 아니라 원칙적으로 민주 공화정을 주장하는 근거가 된다. 그 근거로 카이퍼는 구약 성경 사무엘하 5장 3절에서 이스라엘 백성들을 대표하는 장로들이 다윗과 언약을 맺은 후 그에게 기름을 부어 왕(통치자)으로 삼는 것을 근거로 제시한다(Kuyper, 1904: 84-87). 이것은 그가 강조한 영역주권 사상과도 연결된

성경적 세계관으로 본 학문과 신앙 및 삶의 통합

다. 즉 오직 하나님만 절대 주권자이시며 국가, 교회, 학교, 가정, 기업 등은 각각 그 영역에 위임받은 주권만 가지므로 다른 영역 위에서 절대적 권위를 행사할 수 없다는 것이다(Kuyper, 1880).

4. 국가의 두 번째 요소: 국토

국가의 두 번째 요소인 국토(國土)란 일반적으로 국가에서 국민이라는 인적 자산의 존재와 함께 빼놓을 수 없는 개념이며 국가의 주권이 미치는 영역으로 외부의 침입으로부터 보호되어야 할 배타적 영역이며 국민의 생활공간이자 삶의 터전이다. 이 국토(het land)에 대해 카이퍼는 『반혁명 국가학』 1권 6장에서 다음과 같이 설명한다. 국토는 국경이 있고 그 건너편에는 다른 나라의 주권이 지배하지만 그 경계 안에서는 국민이 주인이자 주권자이다. 네덜란드의 경우 과거 수 세기 동안 네덜란드인 조상의 땅이었지만 이제는 네덜란드인의 땅이고 곧 그들 자녀의 땅이 될 것이다. 따라서 국민은 국토에 관심이 있고 그 안에 살고 있다. 국토는 태양 아래에서 살도록 그 국민에게 할당된 장소이며 시대마다 그 사회를 구성하는 사람들은 끊임없이 변하고 사라지지만 국토, 조국 그리고 조국의 토양은 그대로 머물면서 대대로 살아가는 국민에게 견실한 모습을 보여준다. 모든 세대를 이어온 영구적이고 지속적인 유산의 이미지인 국토는 국민이 대대로 거주하면서 삶을 가능하게 했으며 그들이 영원히 안식할 때에는 새로운 세대가 나타나 거주하게 될 것이므로 국토는 세대를 이어가는 국민의 단결을 보여준다고 카이퍼는 설명한다(Kuyper, 1916: 170).

또한, 카이퍼는 각 민족이 거주하는 영토의 특성과 상태가 그 민족성의 형성과 국가 생활의 역사적 과정에 영향을 미쳤다는 점을 강조하면서 따라서 영토의 일반적 중요성을 고려할 필요가 있다고 주장한다. 이 경우 국토가 위치한 영역(de zône)을 고려해야 하는데 부의 형성에 관한 토양의 상태, 상황을 통제하는 도로와 수로 그리고 국경의 반대편 영토와 국민의 상태와 같은 주변 환경이 중요하다는 것이다. 따라서 국토 자체, 국토 아래, 위에 그리고 그 주변에 있는 것에 대해서도 우리가 주의를 기울여야 한다고 그는 강조한다(Kuyper, 1916: 171-172).

국민 생활에서 또한 중요한 것은 먼저 국토의 토양이 지하자원을 얼마나 보유하고 있는가의 여부라고 카이퍼는 지적한다. 석탄, 금속, 석유 등의 지하자원은 수 세기 동안 국가를 풍요롭게 할 수 있으며 풍부한 광산도 깊이에 따라 그 가치가 달라질 수 있다(Kuyper, 1916: 175-176). 둘째로 토양의 비옥도 또한 매우 중요하다(Kuyper, 1916: 177). 그리고 셋째로는 토지가 평지인지 아니면 산지인지도 국민의 삶에 차이가 발생한다고 그는 주장한다(Kuyper, 1916: 178).

나아가 카이퍼는 국토의 위치와 상태가 세계를 지배하는 데에도 결정적인 역할을 했다고 지적한다. 가령 유럽은 아시아, 아프리카, 미국과 비교하면 작지만 실제로 세계의 운명을 지배하는 영광을 누렸던 반면 동아시아와 남아시아에서 일어났던 문명은 고립된 채로 남아 있었고 티그리스와 유프라테스 평원에서 일어난 문명도 곧 사라졌다. 이집트는 한동안 강력했으나 아시아와 아프리카에서 인간의 삶에 대한 모든 계시가 이슬람 아래 들어간 이후에 쇠퇴했으며 오직 그리스와 로마인들, 켈트족과 독일인들에 의한 유럽만이 마침내 세계의 패권을 장악했다는 것이다. 물론 유럽은 그 패권을 다시 잃을 수 있으며, 중국, 일본, 인도에서 아시아의 부흥이 이미 우려의 원인이 되기도 했으나 지난 20세기 이상을 되돌아보면 여전히 도전을 받지 않고 있다고 그는 보았다. 따라서 유럽에 거주할 땅을 찾은 민족들은 온대 지역의 땅이며, 평범하지만 비옥한 땅이고, 광산이 너무 많지는 않은 땅이지만, 평범한 평야와 산악이 가장 다양한 땅으로 이들은 여전히 세계의 주인인데, 이것은 어느 정도 이들이 거주한 지형 때문이라고 카이퍼는 주장한다(Kuyper, 1916: 180-181).

그 외에도 국민이 거주하는 영토의 영향은 육지와 수로에 의해 다른 곳에 접근하고 국토를 관통하는 교통망을 통해 매우 다른 특성을 가지게 된다고 카이퍼는 강조한다(Kuyper, 1916: 181-182). 또한, 육지에서의 통신보다 훨씬 더 중요한 것은 호수, 개울과 운하, 특히 수로라고 그는 말한다(Kuyper, 1916: 182-183). 그러나 강과 하천이 주민들에게 혜택을 주는 축복보다 더 강력한 것은 해변에 거하는 주민들이 항해를 통해 얻게 되는 고도의 생활 수준임을 그는 주목한다(Kuyper, 1916: 185-188). 이는 그가 네덜란드 출신이기에 이해할 수 있는 부분이며 나아가 네덜란드가 17세기에 국제 해상 교역을 통해 세계 무역을 제패한 소위 '황금시대'를 구가했던 것을 우리에게 상기시켜준다(최용준, 2014: 153-181). 마지막으로 카이퍼는 국토의 중요한 요소는 이웃 국가와 관련된 지정학적 위치에서 발생하며(Kuyper, 1916: 188-191) 동시에 이와 관련된 언어적 요소에도 관심을 가져야 한다고 말한다(Kuyper, 1916: 191-193). 물론 이것이 모든 국가에 해당하는 것은 아니지만, 좋든 싫든 주변국에서 발생하는 일의 영향력은 점점 더 많이 고려해야 할 요소임은 틀림없다. 특히 영국, 프랑스 및 독일 등의 강대국으로 둘러싸인 네덜란드와 중국, 일본 및 러시아 가운데 있는 한반도의 지정학적 위치는 이 점을 분명히 보여준다.

5. 국가의 세 번째 요소: 주권

주권(主權, sovereignty)이란 국민, 국토와 함께 국가를 구성하는 매우 중요한 요소이다. 『반혁명 국가학』 1권 8장에서 카이퍼는 이 국가의 주권에 대해 다루는데, 이 주권의 개념은 행정적 의미에서 정부의 권위에 한정되

어 있다. 이 단어의 어원은 프랑스어 주권(Souverainité)에서 나왔는데 원래
는 라틴어 Superanitas에서 왔고, 이것은 다시 추악한 중세 단어인 과도한
권력(Supra-potestas)에서 나왔다고 그는 설명한다. 따라서 이 땅에서 주권
을 가진 사람은 그보다 우월한 권력이나 권위가 없는데 결국, 이것은 전능
자에게만 생각할 수 있는 것으로 원래 하나님께 속한 것이 인간에게 이전
되는 것이라고 그는 주장한다(Kuyper, 1916: 261). 이는 토머스 홉스(Thom-
as Hobbes, 1588-1679), 존 로크(John Locke, 1632-1704), 장 자크 루소(Jean-
Jacques Rousseau, 1712-1778) 등이 주장한 바와 같이, 주권을 국민의 양도로
구성된 것으로 보는 사회 계약설과는 전혀 다른 입장이다.

카이퍼는 이 하나님의 주권이 인간에게 이전되는 것은 단지 국토와 국
민의 정부뿐만 아니라 다양한 방법으로 위임되어 행사된다고 설명한다
(Kuyper, 1916: 263). 하나님의 주권적 능력은 모든 무생물에 대해서도 미치
며, 인간이 처분할 수 있는 그 능력의 일부도 매우 크기 때문에 국가의 전능
함을 주장하는 것에 대해서는 항상 진지하고도 강력하게 항의해야 할 뿐만
아니라 저항해야 한다고 그는 강조한다. 왜냐하면, 카이퍼에게 있어 국가의
전능을 주장하는 것은 우리가 상상할 수 있는 한 가장 견딜 수 없는 폭정이
기 때문이다. 특히 당시 네덜란드에서는 기독 사립학교와 공립학교 교육 간
의 경쟁이 급격히 심화되었는데, 기독학교가 학문의 자유를 주권적으로 행
사하는 권리를 정부가 다양하게 제한하는 것을 카이퍼는 예리하게 비판하
면서, 자유대학교 개교 당시 초대 총장으로 시내에 있는 신교회에서 개교
연설을 위해 선택한 주제가 바로 '영역주권'이었다(Kuyper, 1880: 265-268,
박태현, 2020). 즉, 하나님의 주권은 절대적이지만 국가, 교회, 학교, 기업 등
사회의 각 영역은 나름대로 창조주로부터 위임받은 독특한 주권을 가지고
있으므로 한 영역이 절대화되어 다른 영역을 간섭하거나 통제하면 분명히
문제가 발생한다는 것이다. 자유대학교는 1880년 10월 20일에 설립되었으

성경적 세계관으로 본 학문과 신앙 및 삶의 통합

며 그 명칭은 국가와 교회로부터 대학이 독립됨을 뜻한다. 나아가 카이퍼는 다른 영역에 대해서도 국가가 간섭해서는 안 된다고 주장했다(Kuyper, 1916: 268-271). 이 영역주권 사상은 카이퍼 이후에도 계속 발전, 적용되어 네덜란드 사회에 큰 영향을 미쳤다(최용준, 2022: 187-205).

이처럼 카이퍼는 하나님의 절대 주권을 강조했지만, 신정정치(théocratie)는 배격했다. 그 이유는 첫째로 주권, 즉 자신보다 높은 권력이 없는 권력은 원래 하나님에게만 존재하며, 따라서 국민 주권의 기원도 그분에게 있고 이 권위에 대해서는 의문의 여지가 없기 때문이다. 둘째로 하나님의 주권을 소유한 여러 국민과 그에 따른 기관이 될 사람들의 지정은 이스라엘을 제외하고는 초자연적인 것이 아니라 자연스러운 방식으로, 따라서 인간에 의해 이루어지기 때문이다. 셋째로 인간에 의한 이러한 정치도 그것이 군주제 통치로 이어지든 연방의 형성으로 이어지든 하나님의 섭리에 의한 것이기 때문이다(Kuyper, 1916: 273, 289).

6. 중앙 정부

중앙 정부(Hooge Overheid)에 관해서는 카이퍼가 『반혁명 국가학』 1권 7장에서 다루고 있는데 마지막 부분에서 다음과 같이 잘 요약하고 있다 (Kuyper, 1916: 259-260).

> 1) 원래 하나님 안에서 가장 높은 권위는 아버지를 통해 가족 모든 구성원에 대해 제정되었다.
> 2) 부계의 권위는 최초 세대에 의해 가부장적으로 계속될 운명이었다.
> 3) 하지만 이 질서는 죄로 왜곡되었다.
> 4) 그 결과 인류는 점점 더 분열되었다.

5) 따라서 정부의 권위는 완전히 해체될 수 있는 외과적 붕대와 같았다.

6) 정부의 권위는 하나님께 속한 권위의 도구이므로 지상에서 그 이상의 권위가 없고, 법과 통치를 설정하고, 필요한 자금과 긴급 서비스를 요구할 수 있으며, 필요시 자유와 생명도 제한할 수 있다.

7) 이 신성한 권위의 소유자로 합법적으로 행동할 수 있는 사람들을 지정하는 것은 이스라엘의 경우 초자연적 지정으로 이루어졌지만, 다른 국가의 경우 항상 사람을 창조하시고 은사를 주시며 사건의 과정을 지시하고 통제하는 분은 하나님이심을 이해함에 따라 이루어졌다.

8) 하나님의 섭리가 중요할수록 그 결과는 민족과 국가의 운명을 더 많이 좌우한다.

나아가 정부 형태에 관해 카이퍼는 군주제, 귀족정 그리고 민주 공화정으로 나누어 설명하면서 신명기 1장 13-14절에 대한 주석을 통해 군주제와 귀족정을 반대한 칼뱅의 입장에 동의했다. 칼뱅은 왕이 권한을 남용할 것을 우려하여 그보다는 귀족정이 나을 수 있으나 이것 또한 국민이 참여할 수 있는 모든 권리를 박탈했으므로 반대했다(Kuyper 1916: 631-632). 나아가 카이퍼는 칼뱅이 그의 『기독교 강요(Institutio Christianae Religionis)』마지막 20장 8절(Calvin, 2014, 김대웅, 2022)에서 이미 공화정 형태의 정부가 군주제보다 그에게 더 매력적이었다고 명시적으로 언급했음을 지적했다(Kuyper 1916: 630) 이처럼 제네바에서 실현된 민주적 공화정은 네덜란드가 독립할 당시 세계 최초로 공화국으로 1581년에 시작하게 되는 동기가 되었고 나아가 이 사상은 미국이 독립하면서 자유민주주의 공화국으로 설립되는 원동력을 제공했다고 카이퍼는 예리하게 분석했다(Kuyper 1916: 709).

성경적 세계관으로 본 학문과 신앙 및 삶의 통합

7. 국가의 목표

국가의 목표에 관해 카이퍼는 『반혁명 국가학』 1권 9장에서 다루면서 먼저 네덜란드의 종교개혁자 귀도 드 브레(Guido de Bres, 1522-1567)가 1561년에 작성한 네덜란드 신앙고백서 제36조를 인용한다. "사람들의 타락으로 말미암아 우리의 자비로우신 하나님께서 왕, 군주와 국가의 관리들을 세우셨음을 믿는다. 하나님께서는 세상이 법과 제도에 의하여 운영되므로 사람들의 무법성이 억제되고 사람들 사이의 모든 것들이 선한 질서 안에 운영되기를 원하신다." 그리고 다음과 같이 추가로 설명한다. "모든 사람은 지위나, 환경이나, 신분에 상관없이 국가에 순종하여야 하며, 세금을 내야 하고, 그 관리들을 존중하고 존경하며, 하나님의 말씀에 어긋나지 않는 한 모든 일에 그들에게 순종하고, 주님께서 그들의 직무를 온전히 인도하셔서 우리가 모든 경건과 품위 안에서 평안하고 조용하게 살도록 그들을 위하여 기도하여야 한다."(Kuyper, 1916: 290)

역사적으로 볼 때 여러 종족의 통일은 그 후 수많은 민족으로 대체되었고 이제는 고정된 관계를 구축하여 각 국가에서 단결을 확립하기 위해 정부가 생겨났으며 국민의 단결은 국가 형태로 정부의 권위에 집중되었다. 그러나 국가의 목적에 대해서는 두 의견이 충돌하게 되었다고 카이퍼는 지적한다. 첫째 의견은 국가란 개인을 사적인 개인으로 섬기거나 집단적 개인을 하나의 민족으로 묶는 기관으로 생각할 수 있기에 국가는 시민들이 받아들이는 유일하고도 유효한 목표라는 것이다. 따라서 국가를 위해 자신을 희생하는 것은 명예로운 일이며 개인은 국가를 위해 존재한다고 본다. 반면에 다른 의견은 1789년 이후부터 국가의 목표가 개인 시민의 행복을 증진하는 것이며 공익은 사적인 이익을 위한 것이라고 보았다(Kuyper, 1916: 291-292). 즉 국가가 개인을 위해 존재한다는 것이다.

여기서 카이퍼는 다시금 국가의 출현에 대해 다음과 같이 설명한다 (Kuyper, 1916: 302-304). 인류가 타락한 후 죄와 비참에 빠져 삶의 외적 행복과 내적 완전성이 모두 왜곡되었으며 인류는 악마의 영향을 받고 저주의 결과를 겪게 되었다. 그 결과 중 가장 눈에 띄는 것 중 하나는 전체 가족의 일관성이 깨어지고 가족, 친족과 개인으로 분열된다는 것이다. 이것이 계속되었다면, 인류는 더 높은 발전이 불가능했을 것이며, 비열함, 소유욕, 탐욕, 살인이 우세했을 것이고 결국 인간사회는 완전한 파산으로 끝났을 것이다. 하지만 이것은 하나님의 두 가지 은총으로 방지되었는데, 먼저 특별 은총으로 그리스도의 왕국을 예비하신 것과 둘째로 지상에서 우리 인간의 삶을 가능하게 하고 특별 은총이 꽃피울 수 있는 토대를 마련해준 일반 은총이다. 이 보편 은총에는 국가와 민족을 유지하고 성숙하게 만드는 정부의 등장도 포함한다. 그 결과 국가는 교정과 원조기관으로 국민과 협력함으로써 우리 삶을 발전할 수 있게 했다는 것이다.

반면에 그리스도 안에 있는 특별 은혜는 그분의 주권으로 이 세상에 들어왔고, 언젠가는 만물이 그의 왕권 아래 굴복하며, 악마의 교란적인 세력에 대해 하나님의 능력이 승리함을 고귀한 형태의 낙원으로 보여줄 것이다. 결국, 국가는 인류의 구세주가 아님이 증명되고 오히려 무력함이 드러날 것이며, 우리의 참된 구주로 새로운 생명을 가져오실 그리스도께서 나타나셔서 만물을 새롭게 창조하실 것이라고 카이퍼는 강조한다. 국가는 완전한 실패로 끝날 것이고 승리는 오직 그리스도와 함께 남을 것이며 국가는 우리를 잃어버린 낙원으로 되돌릴 힘이 없음을 증명할 것이지만, 하나님 우편에 앉으신 만왕의 왕만이 고귀한 영광의 상태로 우리에게 낙원을 돌려줄 수 있다고 그는 주장한다(Kuyper, 1916: 299-302).

그러나 그사이에는 임명된 정부 아래 국민이 함께 지속하는 사회가 발전했고 정부는 점점 더 국가의 형태를 취하여 아픈 사람의 육체에 임시로 감

성경적 세계관으로 본 학문과 신앙 및 삶의 통합

은 붕대와 같은 역할을 한다고 카이퍼는 설명한다. 따라서 국가의 목적은 다리를 부러뜨린 불행한 사람에게 목발을 주고 다른 방법으로는 더 걸을 수 없는 사람들에게 붕대를 감아주는 것이지만 이것이 지체 장애를 완전히 치료하지는 않는다. 이러한 상태는 지금도 계속되며 마침내 완전한 치유가 이루어진다면 부러진 다리를 원래의 상태로 회복시켜 그에게 주어진 생명을 증가시키나 이것은 오직 그리스도의 재림 시에 이루어진다는 것이다. 따라서 국가는 더 앞으로 나아갈 수 없는 인류가 스스로 걸을 수는 없지만, 다시 움직일 수 있도록 도와주는 것이며 이 외에는 다른 목적이 없다. 따라서 정부가 알아야 할 국가의 목표는 오직 하나님께 영광(*Soli Dei Gloria*)이라고 카이퍼는 주장한다(Kuyper, 1916: 303-308).

이러한 그의 입장은 홉스가 그의 책 『*Leviathan*(리바이어던)』에서 로마가톨릭교회는 결코 국가 위에 절대 주권을 가질 수 없음을 비판하면서 동시에 자연 상태의 인간사회는 '만인에 대한 만인의 투쟁'이므로 국민이 권력을 위임한 군주가 속세의 일뿐만 아니라 종교에 관해서도 전권을 장악해야 한다고 주장한(Hobbes, 1651) 것과는 다르다. 또한, 로크가 『*Two Treatises of Government*(통치론)』에서 왕권신수설을 비판하면서 낙원적 자연 상태에서 노동에 의한 자기 재산을 보유하는 자연권의 안전 보장을 위한 사회적 계약으로 국가가 발생하였다고 주장한(Locke, 1689) 것과 유사한 부분도 있으나 창조, 타락, 구속, 완성이라고 하는 성경적 세계관에서 국가의 목표를 설정한 것은 독특하다고 말할 수 있다. 나아가 루소가 『*Du Contract Social*(사회계약론)』에서 인간의 일반의지야말로 절대적이며 주권의 기초이고 법이나 정부도 여기서 나온다고 주장하면서 철저한 인간 주권론을 주장한(Rousseau, 1762) 입장과는 전혀 다르다고 볼 수 있다.

8. 국제 관계

카이퍼의 국가관에서 마지막으로 살펴볼 분야는 『반혁명 국가학』 1권 10장에서 다루고 있는 국제 관계이다. 여기에서 그는 무엇보다 하나님의 권위에 대한 존중이 절대적이어야 하는데 왜냐하면 다른 어떤 영역보다도 국가 간의 관계에 관한 한 주권이나 탐욕으로 상대방의 권리를 꺾으려는 유혹이 강하게 발생하기 때문이라고 예리하게 지적한다(Kuyper, 1916: 316-317). 그러면서 그는 당시 두 번이나 헤이그에서 개최된 만국평화회의에 대해 논하였는데 평화주의는 너무나 이상적임을 지적하면서 보다 현실적으로 중재 재판소(De Arbitrage) 또는 중재 법원(het Scheidsgerecht)에 대해 제안한다. 먼저 이 중재 재판소의 도입을 위한 조치가 실제로 러시아의 차르(Czaar)에서 시작되었다는 점과 다른 한편 이것이 상징적이라고 불리는 것은 유럽이나 미국의 거대한 수도 중 하나가 아니라 거의 시골이나 다름없는 헤이그의 평화궁(het Paleis)[3]에 자리 잡았음을 그는 지적한다. 러시아의 피터 대제(Пётр I Великий, 1672-1725)[4]는 이미 17세기에 러시아와 네덜란드 사이의 연결 고리를 확립했는데, 네덜란드가 인구는 작지만, 과거에 세계 무역을 제패하며 황금시대를 구가한 민족임을 인정한 이 황제의 선택은 의심할 여지 없이 역사적으로나 지리적으로 모두 옳았지만, 현실을 똑바로 파악하는 사람은 평화회의나 중재 재판소에 큰 기대를 걸지는 않는다고 카이퍼는 진단한다(Kuyper, 1916: 318-321).

---

3 평화궁(Peace Palace)은 네덜란드 헤이그에 있는 건물로 국제사법재판소, 상설, 헤이그 국제법 아카데미, 평화궁 도서관이 있다. 미국 철강 재벌 앤드루 카네기가 당시 금액으로 150만 달러를 기부하여 1913년 8월 23일에 개관했다.

4 표트르 1세 벨리키(Пётр I Великий, 1672-1725)는 러시아 제국 로마노프 왕조의 황제로서 서구화 정책과 영토 확장으로 루스 차르국을 러시아 제국으로 만들었다.

성경적 세계관으로 본 학문과 신앙 및 삶의 통합

이와 함께 두 나라 혹은 수 개국이 방위 또는 공격을 하기 위해 조약에 따른 공동 행동을 맹약하는 국제 협정인 동맹(同盟, Alliantie)과 국가의 권력이 중앙 정부와 주에 동등하게 분배된 정치 형태로, 2개 이상의 주권이 결합하여 국제법상 단일적인 인격을 가지는 복합 형태의 국가인 연방(聯邦, Federatie)에서 해법을 추구하는 완전히 다른 기원과 의미의 행동도 있다고 카이퍼는 설명한다(Kuyper, 1916: 336-338). 먼저 역사상 유명한 동맹의 예로서는 대 나폴레옹 동맹(1793-1814), 독일·오스트리아·이탈리아의 3국 동맹, 영·일 동맹, 불·소 동맹, 일본·독일·이탈리아의 3국 동맹 등이 있는데 동맹에서 첫 번째 단계는 협상(Entente)이고, 이 모든 행동을 달성하고자 하는 마지막 단계는 연방적 유대를 통해 효과적이며 결국 국가의 독립을 폐지하게 될 최고 권위의 단일화이다. 이 과정의 결과 특히 유럽의 작은 국가가 점점 더 자신의 안전을 찾는 방식으로 자연스럽게 중립국에 대한 아이디어를 점점 더 전면에 부각했다고 그는 지적한다. 그 결과 벨기에, 스위스, 룩셈부르크, 콩고는 당시 중립국으로 인정받았다(Kuyper, 1916: 340).

연방은 더 작은 민족 단위들이 있었을 때, 하나의 강력한 국가가 출현한 자체 합의 시스템이었다. 이에 대한 동기는 군주나 왕실이 자신의 영토를 확장하려는 욕망일 수도 있지만, 이와는 별개로 많은 소규모 국가들이 압도당하고 독립을 강탈당하는 위험에 노출되었을 수도 있어 같은 위험에 처한 이웃 국가와 공동 방어를 위해 힘을 합치게 된 것이다. 이 두 가지 동기는 같은 방식으로 작동할 수 있는데 비록 같은 군주가 두 국가를 다스리기 때문에 두 국가 사이에 확립된 인적 유대감 자체는 여전히 완전한 연방 성격이 부족했으나 그 연방의 성격은 양국 간에 동맹 조약이 체결되고 이 조약이 내구성을 획득했을 때만 존재한다(Kuyper, 1916: 341-344).

국가 간 연합의 마지막 범주는 당시에 적지 않던 식민지들인데 이 식민지화는 페니키아인과 그리스인에 의해 처음 시작되었으며 원래 흑해를 포함한 고대 세계의 바다로 이동하여 현재 크림반도 남서부에 있는 최대의 항구도시인 세바스토폴(Севастополь)에서 지중해의 대서양 방향 입구로, 이베리아반도 남부에 있는 영국의 해외 영토이며 북쪽으로는 스페인의 안달루시아 지방과 접하고 있는 지브롤터(Gibraltar)로 이동했다. 이 지중해 지역이 식민지화를 촉발한 동기는 두 가지인데, 먼저 페니키아인은 무역을 원했고 그리스인은 하나의 강력한 공화국에서 새로운 연방을 계속해서 낳으려는 경향 때문이었다고 카이퍼는 분석한다(Kuyper, 1916: 358). 그 후 포르투갈이 케이프 주변을 항해하기 시작하고 대서양 반대편에 새로운 대륙이 발견된 것이 15세기와 16세기였다(Kuyper, 1916: 361). 아시아에서는 그렇지 않았으며 세 개의 강력한 제국이 있었는데 인도 이전의 무굴제국, 미카도(천황)[5]가 있는 일본, 그리고 황제가 있는 중국이다. 아시아에서 결정적인 것은 원래 인구를 대체하기 위한 이민이 아니었는데 왜냐하면, 첫째, 인구가 너무 밀집하고 많아서 대체할 수 없었고 둘째, 남쪽의 기후가 모든 중요한 이주를 방해했기 때문이다. 따라서 중국과 일본은 홀로 남겨졌으며 잉글랜드는 인도에서 투쟁을 벌였고, 네덜란드 동인도회사는 무역에 집중하여 그 나라에 저항이 없는 한 정치를 그대로 두었으며 인내와 신중함을 통해 점진적으로 군도 전역에서 실제적인 지배권을 갖게 되었다. 그 결과 중국과 일본을 제외한 거의 모든 국가가 그곳에서 독립을 잃게 되었다고 그는 설명한다(Kuyper, 1916: 362-364). 기타 카이퍼는 식민지와 관련하여 보호령(Protec-toraat)과 종주권(Suzereiniteit)에 대해서도 설명한다(Kuyper, 1916: 371-384).

국제법은 그 본질과 특성을 바꿀 수 없고 신성하더라도 문제는 국가 간

---

5   일본의 군주인 천황의 별칭으로 '御門'이라고도 표기한다. 일본의 대중문화 작품에서 천황을 등장시킬 때는 미카도라 에둘러 표기하는 예가 많으며 한국어로 임금님과 유사하다. 오카야마, 시즈오카, 이와테 등지에 있는 지명이기도 하며, 일본 전국에 미카도란 지명은 수없이 존재한다.

성경적 세계관으로 본 학문과 신앙 및 삶의 통합

에 실행하기가 쉽지 않다고 카이퍼는 보았다. 따라서 결론은 법이 국가 간에 매우 명확한 의미로 적용되어야 하며 이런 관계는 하나님께서 제정하신 것과 같아야 한다. 따라서 절대적 의미의 국제법이 있으며, 법적 관계가 모든 면에서 정확히 일치하지 않는 것은 인간의 잘못이라는 것이다. 인간관계가 가족, 사회, 민족에서 어떻게 되어야 하는지 결정하고 판단하시는 분은 오직 하나님이시며, 그분만이 국가 간의 관계도 결정하실 수 있고 그분이 명령하신 법이 국제법이다. 이 절대적 법은 심의 및 합의를 통해 열방 간에 표현되지만, 그것을 규정하고 집행하는 기관은 부족하다고 카이퍼는 말한다(Kuyper, 1916: 398-400). 이러한 카이퍼의 견해는 역시 하나님의 절대주권에 기초해 있기 때문이며 이것을 인정하지 못하는 일반 국제법학자들과의 입장과는 차이가 있다고 말할 수 있다.

Ⅲ. 결론

지금까지 우리는 카이퍼가 마지막으로 남긴 두 권의 역작인 『반혁명 국가학』 및 이와 관련된 저서들을 통해 그의 국가관에 대해 다른 학자들과 비교하면서 고찰해 보았다. 무엇보다 먼저 그는 국가란 하나님의 창조에 제정된 기관이 아니라 인간의 타락 후 일반 은총에 의해 나타난 것임을 명확히 했다. 그 대표적인 표현은 바로 '외과적 붕대'이다. 그리고 국가의 세 요소가 되는 국민, 영토 및 주권에 대해 논한 후 그는 '영역주권'을 강조했다. 그것은 당시에 국가주의, 즉 국가를 절대시하는 사상이 만연하면서 교회, 교육 및 가정의 영역도 국가가 통제하는 경향이 많았기 때문이었다. 동시에 정부 형태로는 칼뱅과 같이 민주 공화정을 선호함도 보았다. 나아가 카이퍼는 당시 급변하는 국제 정세 속에서 국제 관계에 필요한 하나님의 기준을 제시하였다. 이러한 국가관은 일반 다른 학자의 국가관과 매우 다름도 고찰하였다.

이러한 국가관에 기초하여 그는 네덜란드에서 1879년에 최초의 전국적인 정당인 반혁명당(Anti-Revolutionaire Partij)을 설립하였으며 이 당은 1980년, 가톨릭 인민당(Katholieke Volkspartij) 및 기독역사연합(Christelijk-Historische Unie)과 통합하여 기독 민주연합(Christen-Democratisch Appèl)으로 지금까지 내려오고 있다. 이 당이 기독 정당적 정체성이 약해졌다고 본 일부 기독 정치인들은 1975년에 개혁정치연합(Reformatorische Politieke Federatie)을 설립한 후 2000년에 개혁정치연맹(Gereformeerd Politiek Verbond)과 통합하여 기독연합당(ChristenUnie)으로 개명하여 규모는 작지만 충실하게 소명을 감당하고 있다.

한국사회도 1960년대 이후 군사정권 및 독재 정치에서 벗어나 이제는 아시아에서는 경제적인 분야뿐만 아니라 정치적으로도 비교적 모범적인 민주공화국으로 성장해왔다. 그리하여 다른 많은 국가로부터 인정을 받는 것이 사실이다. 하지만 깊이 성찰해볼 때 아직도 여러 가지로 개선해야 할 점이 많음을 부인할 수 없다.

무엇보다 먼저 정치 영역도 하나님의 주권 아래에 있으므로 우리가 결코 포기하거나 무관심해서는 안 됨을 분명히 기억해야 한다. 한국 교회와 많은 기독교 대학이 카이퍼의 사상을 계승한다고 하지만 이 점에 대해서는 아직 해야 할 일이 많이 남아 있다고 말할 수 있다. 정치 분야는 세속적이므로 그리스도인이 참여해서는 안 될 영역인 것처럼 간주하는 이원론에서 벗어나 기독 정치 분야에 대해 더 많은 연구와 실천을 통해 한국 사회에 주님의 주권이 영역마다 인정되도록 해야 할 것이다. 그리하여 네덜란드의 기독교 민주연합 또는 기독교 연합당과 같은 건전한 기독 정당이 한국사회에도 자랄 수 있도록 노력해야 한다.

동시에 교육 영역에 대한 정부의 지나친 간섭도 지적하지 않을 수 없다.

성경적 세계관으로 본 학문과 신앙 및 삶의 통합

국내 공교육에 대한 실망으로 많은 기독 대안학교들이 설립되었으나 교육부의 재정을 지원받으려면 기독 교육의 정체성을 포기하고 채플 대신 종교를 가르쳐야 하는 등 많은 제약이 뒤따르고 있다. 그 결과 많은 기독 대안학교들이 존폐의 갈림길에 서 있다. 나아가 교육감이 기독 사립학교 교사 임명권을 가지고 있어 이 학교들의 기독교적 정체성을 유지하는 것이 매우 어렵다. 이것은 분명 카이퍼가 말한 영역주권 사상을 위반하는 것이다. 이러한 점들에 대해 그리스도인들이 단결하여 정부에 올바른 입장을 발표하고 개선을 촉구하면서 여러모로 협력해야 할 것이다. 카이퍼도 기독 학교의 정부 재정지원을 얻기 위해 80년간 동역자들과 함께 노력하여 마침내 헌법까지도 개정한 점을 우리도 기억하면서 본받아야 할 것이다.

제5장

헤르만 도여베르트의 학문과 신앙의 통합

본 장은 「신앙과 학문」 2024년 3월, 제29권 제1호(통권 98호), 45-65에 "A Research on the Integration of Faith & Scholarship from the Christian Worldview: focusing on the thought of Herman Dooyeweerd(기독교 세계관으로 본 신앙과 학문의 통합에 관한 고찰: 헤르만 도여베르트의 사상을 중심으로)"라는 제목으로 영문으로 실린 논문을 수정, 보완한 것이다.

I. 서론

하나님의 절대 주권을 인정하고 고백하는 기독학자라면 누구든지 자신의 신앙과 전공하는 학문 분야를 분리하려 하지 않고 오히려 통합하려고 노력할 것이다. 하지만 이것을 구체적으로 어떻게 할 것인가에 관해서는 서로 견해가 다를 수 있다. 이에 대해 본 장에서는 신앙과 학문의 통합을 무엇보다 기독교 세계관, 즉 창조, 타락, 구속 및 완성의 관점에서 살펴보되, 보다 구체적으로는 네덜란드의 기독교 철학자였던 헤르만 도여베르트가 발전시킨 '이론적 사고에 대한 선험적 비판(transcendental critique of theoretical thought)'을 중심으로 고찰하고자 한다.

헤르만 도여베르트
https://upload.wikimedia.org/wikipedia/
commons/4/4e/Dooyeweerd.jpg

그동안 학문과 신앙의 통합에 관해 국내외에서 많은 연구가 이루어졌으나 기독교 세계관 및 도여베르트의 사상을 적

성경적 세계관으로 본 학문과 신앙 및 삶의 통합

용하고 고찰하여 통합하려고 노력한 선행 연구는 거의 찾을 수 없다. 신앙과 학문의 일반적 통합에 관해 연구한 기독학자로는 미국의 해리스가 있다 (Harris, 2004, 2014, 최용준, 2013). 필자는 도여베르트에게 큰 영향을 준 아브라함 카이퍼가 어떻게 학문과 신앙이 통합되어야 한다고 주장했는지 그의 다양한 저작들을 통해 고찰한 논문을 최근에 발표했으며(최용준, 2021). 동시에 도여베르트의 생애와 전반적인 사상에 관한 논문도 발표했다(최용준, 2005).

본 장은 카이퍼가 칼뱅의 신학 사상을 삶의 모든 영역으로 확장한 신칼뱅주의 사상을 이어받은 도여베르트가 소위 그의 독특한 기독교 철학을 통해 어떻게 학문적 사고가 결코 중립적일 수 없으며 오히려 신앙과 통합될 수밖에 없는지 기독교 세계관의 네 요소인 창조, 타락, 구속 및 완성의 관점에서 집중적으로 고찰한다. 그 후 그가 남긴 영향은 무엇이며 한국적 상황에 던지는 교훈은 무엇인지 평가함으로 결론을 맺겠다.

II. 기독교 세계관으로 본 신앙과 학문의 통합: 도여베르트의 사상을 중심으로

1. 기독교 세계관의 네 요소

먼저 기독교 세계관에 대해 카이퍼는 독일의 관념주의 철학자들이 사용하던 '세계관(Weltanschauung)'이라는 단어를 성경적 용어인 '삶과 세계에 대한 관점(levens- en wereldbeschouwing)'으로 번역하면서 기독교 세계관이라는 의미로 사용했으며(Kuyper, 1902: 36) 이를 창조, 타락, 구속 및 완성이라는 네 요소로 분류하여 설명했다. 반면에 도여베르트는 주로 창조, 타락, 구속이라는 세 요소만 기독교적 근본 동인으로 언급하면서 완성을 구속에 포함하는 경향을 보였다(Dooyeweerd, 1953 : 60, 1957 : 169). 하지만 본 장에서 필자는 완성이 구속과 연속성도 있으나 확실히 다른 부분도 있으므로 네 요소로 분류하여 설명하고자 한다(최용준, 2019 : 185-206).

2. 창조: 신앙과 학문의 통합

성경적 창조관은 만물이 하나님에 의해 질서 있게 창조되었다고 본다(창세기 1). 또한, 하나님의 형상으로 지음받은 인간은 축복을 받으며 생육하고 번성하여 이 세상의 모든 피조물을 올바르게 다스리면서 발전시키는 동시에 보존해야 할 사명을 부여받았다(창세기 1:27-28; 2:15). 여기서 우리는 신앙과 학문이 통합적으로 나타남을 알 수 있다. 즉 학문이란 창조주께서 이 세상에 심어 놓으신 창조법칙을 재발견하여 그것을 올바르게 사용함으로 이 피조계를 발전시켜 나가는 수단이며 이것은 이미 창조 신앙을 전제한다고 말할 수 있다. 따라서 아담이 동물의 이름을 짓는 과정을 자세히 보면 바로 이러한 신앙과 학문을 통합한, 책임의식을 가진 청지기로서 하나님의 형상을 지닌 인간의 활동임을 알 수 있다(창세기 2:19-20).

따라서 카이퍼는 학문과 신앙이 통합되어야 하는 근거는 이 하나님의 창조적 주권 때문이라고 본다. 그는 1880년 10월 20일 암스테르담에 국가와 교회의 간섭에서 벗어난 자유대학교를 설립하여 총장으로 취임하면서 "영역주권"이라는 제목으로 연설을 했는데 여기서 이 세상의 다양한 영역들은 하나님께서 창조하셨고 따라서 각자 개별적인 주권을 가지지만 동시에 만유의 주재이신 예수 그리스도(골로새서 1:16)께서 우리 삶의 모든 영역의 한 인치도 "내 것"이라고 말하지 않는 곳은 없음을 강조했다(Kuyper, 1880, 박태현, 2020). 즉 학문도 궁극적인 주권은 주님께 있으므로 당연히 학문과 신앙은 우주의 머리이신 그리스도(에베소서 1:10) 안에서 통합되어야 하며 그러므로 자유 대학도 양자가 통합된 기독 대학이 되길 희망했다.

카이퍼의 사상을 계승한 조직신학자 바빙크도 학문이란 전능하신 하나님의 창조물이라고 보았고(Bavinck, 1897), 도여베르트는 이 점을 더욱 발전시켜 학문은 본질상 결코 종교적으로 중립적으로 될 수 없음을 강조했다(Dooyeweerd, 1935: 11, 1953: 3-4, Choi, 2000). 그렇다면 그는 어떻게 학문과 신앙의 통합을 설명했는가?

도여베르트 사상의 출발점도 성경의 창조적 세계관에 근거한다. 그가 제일 먼저 강조하는 철학적 이념인 '의미(意味, zin: meaning)'는 바로 이 창조관을 적절히 표현한 것이다. 하나님은 만물의 기원(Arche: Origin)이시며 지금도 모든 피조물을 다스리시고 나아가 만물은 마침내 하나님의 나라에서 완성된다. 이런 점에서 도여베르트는 모든 실재를 '의미'라고 규정한다(Dooyeweerd, 1935: 3-4). 피조물에 의미가 '있다'라고 말하기보다 피조물 자체가 의미'이다'라고 하는 것이 다소 생소하게 들릴 수 있지만, 그가 이를 통해 강조하려는 것은 모든 피조물이 자충족적(self-sufficient) 존재가 아니라 의미를 부여하시는 창조주 하나님(God as the meaning-Giver)에게 전적으로 의존한다는 점이다. 이런 맥락에서 그는 로마서 11장 36절 상반절, 즉 "만물이 주에게서 나오고, 주로 말미암고 주에게로 돌아감이라(Alle zin is uit, door en tot een oorsprong)"는 말씀에 만물의 과거적 기원, 존재의 현재적 근거 그리고 미래의 궁극적 목적이 제시되고 있음을 강조한다(Dooyeweerd, 1935: 11).

도여베르트 이후에 자유 대학교에서 현대철학 교수였던 요한 판 데어 후븐(Johan van der Hoeven, 1930-2015)은 "도여베르트가 이 '의미'라는 보다 기본적이고 포괄적인 용어를 도입하는 이유는 희랍 철학에서 나온 '존재(存在, being)'라는 단어가 가장 포괄적인 단어로 더는 적절하지 않기 때문이며 나아가 현대적 삶의 허무성과 무의미한 경험들이 증가하면서 '의미'에 관련된 철학적 문제들이 관심을 끌게 되었고 나아가 '소외'되어 가는 실존적인 상황을 직면할 필요성을 느꼈기 때문이다"라고 설명한다(Van der Hoeven, 1987: 137-138). 또한, 도여베르트의 기독교 철학 입문서를 저술한 깔스베이끄(Leendert Kalsbeek, 1903-1995)도 도여베르트가 '의미'라는 단어를 쓰는 것은 인간의 이성 및 철학적 사고의 자율성을 절대시한 전통적인 내재철학(內在哲學, immanent philosophy)에서 사용된 '실체(實體, substance)'라는 형이상학적 용어가 너무 독립적이므로 이에 대한 기독교적 대안으로 제시한 것이라고 설명한다(Kalsbeek, 1975: 311, 황영철, 1981, Van Woudenberg, 1992: 208-210).

나아가 도여베르트는 이러한 의미로서의 피조계는 질서 있고 구조화된 전체라고 주장한다. 왜냐하면, 하나님께서 이 세상 만물을 완전한 지혜로 질서 있게 지으셨기 때문이다. 그는 이 구조적 질서를 처음에는 '법이념(wetsidee: cosmonomic idea 또는 the idea of law)'이라고 불렀는데 이는 그가 원래 법철학자로서 하나님의 창조에는 '법'이 있음을 암시하는 표현이다. 그러나 나중에 이 용어를 수정하여 세 가지 '선험적 기본 이념(transcendentaal grondidee: transcendental ground idea)'이라고 불렀다(Dooyeweerd, 1953: 68ff.). 여기서 '선험적'이라는 표현은 이러한 이념들이 철학적이고 학문적인 사고의 전제가 된다는 의미다.

첫 번째 이념은 만물의 '기원'이다. 물론 여기서 궁극적인 기원은 만물을 그의 주권적인 뜻대로 지으신 창조주이며 모든 피조물은 이분에게 전적으로 의존한다. 두 번째 이념은 모든 현상의 다양한 면들과 양상들의 '뿌리가 되는 통일체'(root-unity)이며 의미의 총체(meaning-totality)이다. 다시 말해, 모든 현상이라는 구슬들을 하나로 꿰어 초점을 맞추게 하는 통일점을 뜻한다. 그동안 철학자들은 우리가 경험하는 다양한 현상들을 통일적으로 이해할 수 있는 이념이 무엇인가에 관심을 가졌으며 다양한 주장들을 펼쳤다.

성경적 세계관으로 본 학문과 신앙 및 삶의 통합

이에 대해 도여베르트는 이 통일점은 제2의 아담이며 모든 시간내적(tempo-ral) 실체의 종교적 뿌리가 되시는 그리스도에게서 발견된다고 설명한다. 그리고 각 개인은 존재의 신앙적 중심 또는 집중점인 '마음(heart)'을 통해 이 의미의 총체에 참여한다고 말한다. 마지막 세 번째 이념은 '우주적 시간으로 연결된 의미의 다양성'(meaning diversity in the coherence of cosmic time)이다. 의미의 다양성이란 의미의 다양한 양상들과 개체 구조들을 뜻하며 이 두 가지는 시간(time)에 의해 서로 연결되어 있다고 본다. 그는 모든 학문은 이러한 이념을 형성하는 전이론적 전제들(pre-theoretical presuppositions)에 의존되어 있다고 본다.

나아가 도여베르트는 창조세계에서 두 종류의 기본 구조, 즉 '개체 구조 (individuality structure)'와 '양상 구조(modal structure)'를 구별한다. 전자는 창조로 인해 주어진 구체적인 사물의 법적 질서를 뜻하며, 후자는 각 의미의 모멘트(moment), 즉 예기(anticipation), 회기(retrocipation) 그리고 의미의 핵을 가진 특정 양상을 의미한다. 그는 폴렌호븐과 함께 이 실재의 양상 이론을 발전시켰는데(Stellingwerff, 1992: 79), 처음에는 각기 독특한 법칙들에 따라 지배받는 14가지의 '법칙 양상들'(wetskringen: law-spheres, 다른 말로 modal aspects 또는 modalities)을 구별했으나 나중에는 15가지로 확대했다. 즉 수적, 공간적, 운동적, 물리적, 생물학적, 감각적, 분석적, 역사적, 언어적, 사회적, 경제적, 미적, 법적, 윤리적, 그리고 신앙적 양상이다.

이 양상들은 의미의 모멘트로서 예기 및 회기를 가진다는 것은 이전 양상은 이후 양상의 기초가 되며, 이후 양상은 이전 양상을 개현한다는 뜻이다. 또한, 이 양상들은 상호 환치될 수 없으며(irreducible) 실재는 이러한 존재 양식의 다양성 내에서 기능한다. 즉, 각 양상은 자기 위치가 있고 다른 곳으로 옮길 수 없는데 그것이 창조 질서이기 때문이다. 이 질서가 뒤바뀌면 내적 모순인 배율(antinomy)이 일어나며 문제가 발생한다. 가령 사람이 떡으로만 사는 것이 아니라 하나님의 말씀으로 산다는 성구(마태복음 4:4)를 양상 구조로 설명하면 생물적 양상보다 신앙적 양상이 뒤에 있어 후자가 전자를 인도하며 그 의미를 심화시킨다고 말할 수 있다. 경제적 양상과 윤리적 양상을 비교할 때도 윤리적으로 잘못이라면 경제적 손해도 감수해야 한다. 이처럼 도여베르트는 각 양상이 서로를 지시하고 있으며 하나의 정합성(coherence)을 이루어 의미의 총체성을 지향하고 다시 이것은 만물의 기원을 지향한다고 설명한다. 리처드 러셀(Richard Russell)은 이를 다음과 같은 그림으로 잘 보여준다(Russell, 2020).

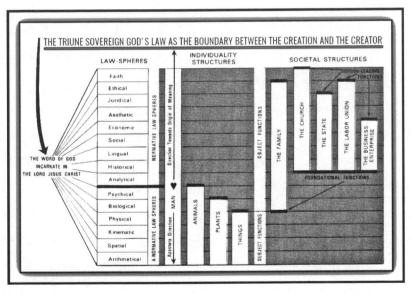

도여베르트의 양상 이론

(1.bp.blogspot.com/-hrLqdaqxyAg/WiRmgPzxXeI/AAAAAAAAFo4/HTNcyZe_
fKYprS3BCt94jaDykMSlkLjswCLcBGAs/s1600/modal_aspects_4.jpg)

여기서 중요한 점은 도여베르트가 단순하고 구체적인 경험을 과학적이고 이론적인 사고와 분리했다는 것이다. 전자는 구조적이고 이론적인 분석 없는 일상적 삶의 경험을 말하지만, 후자는 시간내적 실체를 다양한 이론적

성경적 세계관으로 본 학문과 신앙 및 삶의 통합

관점에서 본다. 가령 여기에 볼펜이 하나 있다고 생각해보자. 이 볼펜은 하나의 개체 구조로 존재한다고 말할 수 있다. 하지만 이것을 양상 구조로 분석해 보면 전혀 다른 관점들이 나타난다. 예를 들어 수적 양상으로 보면 이 볼펜은 하나임이 강조되지만, 역사적 관점에서 본다면 이 볼펜의 역사에 관심을 두게 될 것이다. 사회적 양상에서는 볼펜의 사회적 기능이 주된 관심사이지만 경제적 관점에서 보면 이 볼펜의 가격이 가장 중요할 것이다. 미적인 관점에서는 이 볼펜의 디자인에 관심을 두겠지만 윤리적인 양상에서는 이 볼펜이 누구의 것이며 다른 사람이 훔쳐서는 안 됨을 강조할 것이다. 이렇게 양상 구조는 한 개체 구조가 가지고 있는 다양한 면들을 드러내 준다. 이러한 도여베르트의 사상은 나중에 신앙과 학문의 통합이 불가분리적임을 설명하는 단서가 된다.

3. 타락: 신앙과 학문의 분리

하지만 인간이 타락하게 되자 이러한 신앙과 학문의 통합은 분리되고 왜곡되어 버린다. 가령 '세 가지 선험적 이념들(three transcendental ground ideas)'에서 첫 번째 이념인 만물의 '기원'에 대해 진화론자는 창조주보다 '우연(Chance)'이라고 본다. 실제로 고등학교에 다닐 때까지 학교에서는 진화론을 배우고 교회에서는 창조론을 배운 기독 학생들은 이처럼 신앙과 학문이 분리된 이원론적 세계관을 가지고 있고 이것이 당연한 것으로 생각하며 양자를 통합해야 한다는 강의를 들을 때 처음에는 매우 의아해하는 것을 볼 수 있다.

희랍 철학도 만물의 근원이 무엇인지 탐구했지만, 피조물 중 하나를 절대화했으며 이 세상 만물에는 '질서'가 있다는 것도 알았지만 문제는 언제나 이 '법' 자체를 절대화한다는 것이다. 그래서 많은 세계관에는 '도(道)' 또는 '리(理)'라는 단어가 많이 있다. 가령, 천도교(天道敎), 천리교(天理敎), 도교(道敎) 등을 들 수 있는데 이것은 모두 만물의 '도' 자체를 절대시하는 경향을 보여준다. 이에 대해 도여베르트는 그 법은 반드시 그 법을 제정한 분(law-Giver)이 있다는 것을 보여준다.

두 번째 이념인 만물의 통일점에 대해서도 인간의 마음이 거듭나지 않으면 그리스도 안에서 올바른 준거점을 발견하지 못하고 창조주 하나님을 지향하는 것이 아니라 헛된 우상을 지향하므로 올바른 통합을 이루지 못하게 된다. 창세기 11장에 나타난 바벨탑이 그 하나의 예가 될 수 있을 것이다. 즉, 인간 중심의 세계관은 처음에는 모든 것이 잘될 것 같이 보이지만 결국 그 내적인 모순으로 인해 잘못된 결과와 실패를 낳고 만다는 것을 보여준다.

나아가 도여베르트의 양상 구조 이론은 인간이 타락한 결과 하나의 학문이나 양상을 절대화하는 환원주의(reductionism)의 위험을 가장 잘 보여준다. 즉, 모든 이즘(-ism)-가령 물질주의(materialism)-은 그 양상을 기원의 위치에 놓게 되며 이처럼 실제의 한 면만을 절대화하게 되면 다른 면들을 간과하게 되어 결국 전체적인 이해를 하지 못하는 오류에 빠지고 만다는 것이다. 이것은 사상의 우상화라고 그는 예리하게 지적한다. 이러한 통찰력은 가령 마르크스의 유물론이나 히틀러의 나치즘과 같은 사상적 오류들을 비판할 수 있는 매우 효과적인 도구라고 말할 수 있다. 영국의 바스덴(Andrew Basden)은 도여베르트의 양상 구조 이론을 인용한 아래 도표에서 그 몇 가지 예를 구체적으로 들고 있다.

　　　성경적 세계관으로 본 학문과 신앙 및 삶의 통합

Aspect:	Example 'Ism'	Example of Harm
Quantitative		Over-emphasis on figures, league-tables
Spatial		(Stasis)
Kinematic		(Slavery to "must keep moving")
Physical	Materialism	Ignoring mental and social realities.
Biotic / organic	Evolutionism	Life becomes competitive.
Sensitive / psychic	Psychologism	Slavery to feelings.
Analytical aspect	Rationalism	Oversimplified arguments expel wisdom.
Formative aspect	Functionalism, Utilitarianism	Drivenness, over-work.
Lingual aspect		Swamped by documentation, email.
Social aspect	Socialism	Political correctness dominates.
Economic aspect	Capitalism	Everything reduced to money; unconcern for the poor.
Aesthetic aspect	Aestheticism	Snobbery; The enjoyments of the rich precede the needs of the poor.

앤드류 바스덴의 '−주의'의 예 및 그 오류 예시

4. 구속: 회복된 신앙과 학문의 통합

타락으로 왜곡된 신앙과 학문의 분리는 이제 예수 그리스도의 구속으로 회복된다. 사도 바울은 우리가 거듭나면 새로운 지성을 가지게 되고 따라서 "우리 모두가 하나님의 아들을 믿는 일과 아는 일에 하나가 되고, 온전한 사람이 되어서, 그리스도의 충만하심의 경지에까지 다다르게" 된다고 말한다 (에베소서 4:13). 이것이 어떻게 가능한지 도여베르트는 다음과 같이 설명한다. 먼저 그의 철학을 이해하는 한 가지 중요한 키워드는 창조주와 피조물 간의 경계로서의 법(法, wet: law)과 그 법에 종속된 모든 피조물이다. 그는 다음과 같이 설명한다.

법과 그 종교적 통일성과 의미의 정합성 내에서 시간내적 다양성을 따르는 개별적 종속체의 기원은 하나님의 거룩하시고 주권적인 창조적 의지다. 우리의 우주는 법칙면과 종속면 모두 하나님의 동등한 피조물이다. 전자는 하나님과 피조물의 절대적 경계이며 모든 피조물은 본래부터 법칙에 종속되어 있고 하나님만이 '유일한 법칙의 제정자'이시다. … 그리스도는 우주적 의미의 뿌리이시며 충만이시다. 그리스도께서 모든 율법을 완성하셨고 그 안에서 모든 종속적 개체는 그 의미의 충만함이 집중되어 있다; 우리의 시간내적 우주는 어떠한 것도 그분을 벗어날 수 없다. … 의미의 양상적 다양성에서의 법은 거기에 종속된 개체 구조의 보편타당한 결정 및 제한이다. 종속체란 sujet[1]로서 법칙 영역들의 양상적 다양성의 법칙에 종속된다. 종속체가 없는 법이 없고 그 반대도 없다(Dooyeweerd, 1953: 507-8).[2]

나아가 도여베르트는 각 양상에서도 법칙면과 종속면이 있다고 말한다. 가령 경제적인 면에서 볼펜의 생산은 경제적인 수요와 공급의 법칙을 따르지 않을 수 없다. 바로 여기서 수요와 공급의 법칙은 경제적 양상의 법칙면이며 볼펜은 그러한 양상에 종속되는 것이다. 그러나 법의 가장 심원한 본질 및 궁극적 내용은 피조물을 향한 하나님의 사랑과 모든 피조물이 하나님을 섬겨야 한다는 그분의 요구라고 말할 수 있다. 이것이 율법의 완성이다. 종속적이란 결국 우리가 "하나님을 사랑으로 섬기는 것"이다(Kalsbeek, 1970: 71).

그러므로 법-종속의 관계는 모든 피조물이 하나님의 사랑의 법 앞에서 매우 소중하며 본질적 의미로 충만함을 뜻하며 동시에 하나님께서 피조계

---

1   불어로 subject라는 뜻이며 도여베르트가 만물의 의미성과 종속성을 강조하기 위해 쓴 용어다.

2   여기서 '경계'라는 용어는 공간적 의미로 사용된 것이 아니라 비유적 의미로 쓰인 것이다. 왜냐하면, 공간 자체도 피조계에 속하기 때문이다(Van Woudenberg, 1992: 43).

성경적 세계관으로 본 학문과 신앙 및 삶의 통합

에 친밀하게 내재해 있음을 의미한다. 다시 말해, 창조주는 법을 제정하셨기에 그 법을 초월하며 그 법을 바꾸실 수도 있지만, 신실함으로 그 법을 지키시는 동시에 그 법에 종속된 피조물들을 사랑하신다. 우리 인간도 창조주에게 영광을 돌리며 이웃을 섬기기 위한 목적으로 학문 활동을 하여 이 주어진 법을 올바로 연구하고 적용할 때 창조주의 지혜를 닮아가는 것이다.

양상들이 서로 다른 이유는 각 양상이 시간 내에서 자신을 나타내는 방식이 다르기 때문이라고 도여베르트는 설명한다. 따라서 양상들은 모두 시간의 양상들이라고 부를 수도 있다. 이것을 그의 표현으로 설명한다면: 우주적 시간은 다양한 시간-양상들에서 "자신을 표현한다."(Dooyeweerd, 1935: 66, 1953: 101-102) 도여베르트는 이것을 햇빛이 프리즘을 통과하면서 스펙트럼의 일곱 가지 색으로 분리되는 이미지로 설명한다. 가령, 산수 양상은 전후(earlier and later)라는 회기될 수 없는 시간 질서에 의해 규정되며, 공간적 양상은 동시성(simultaneity)에 의해 제한되고, 운동적 양상에서 시간은 운동의 연속으로 특징 지워지며, 분석적 양상에서 시간은 논리적 전후 (prius and posterius)의 동시성에서 표현되고 경제적 양상에서 시간은 '시간은 돈이다'라는 표현에서 나타난다(Kalsbeek, 1975: 154-156).

각 양상은 그 자신의 독특한 법칙으로 질서 지어지고 결정된다. 그래서 도여베르트는 양상들을 '법칙 영역들'이라고도 불렀다. 분석적 양상에서 신앙적 양상까지를 도여베르트는 '문화적인 면'이라고 부르며 그 법칙들은 '규범들'이라고 부르는데 그 이유는 이 법칙들은 사람들에 의해 '인정되고', '실증되어야' 하기 때문이며 이 법칙들은 지켜질 수도 있고 어겨질 수도 있기 때문이다. 이것은 인간의 문화적 책임과도 연결된다. 사람이 각 양상에 주어진 하나님의 법칙들을 올바로 이해하고 적용할 때 인간의 모든 문화 활동은 하나님의 영광을 나타내며 이웃을 섬기는 방향으로 개현되지만 그렇지 않으면 그 문화는 파괴적이 되고 결국 헛수고로 돌아간다. 분석적 양상이하 양상들의 법칙들은 '자연법'이라고 불리는데 그 이유는 이 법칙들은 어길 수 없기 때문이다.

또 한 가지 중요한 것은 '마음'에 대한 도여베르트의 사상이다. 1932년에 그는 '마음'이라고 하는 단어를 처음으로 성경의 잠언 4장 23절과 연결해 사용하기 시작했다. 그는 피조물의 초시간적인 뿌리는 시간내적인 실재에 있는 것도 아니고 인간의 추론적 기능에 있는 것도 아니라 인간의 종교적 뿌리인 마음에 있다고 가르쳤다. 따라서 도여베르트에게 있어 '마음'은 모든 양상을 초월하는 집중점 또는 초점이라고 할 수 있다. 이 마음은 인간의 삶에 있어 중심적인 '관계', 즉 인간의 근원(Origin)과의 관계(religio)를 의미하며 이것이 곧 종교(religion)의 뜻이라고 말한다. 바로 이 절대적인 근원을 향한 인간의 마음에서 인간의 전 삶의 '방향'이 결정되는 것이다. 여기서 신앙과 학문의 통합이 일어난다고 말할 수 있다.

이러한 관점에서 볼 때 각 학문은 실제의 한 양상을 논리적으로 그리고 체계적으로 연구하는 것이다. 가령 물리학을 연구하는 학자는 한 사물이나 현상에 대해 물리적인 면만 집중하여 거기에 해당하는 자료들을 모으고 체계적, 논리적으로 정리하여 물리학적 지식을 축적하고 법칙들을 연구한다. 신학은 계시인 성경에 기초하여 신앙과 관련된 각 분야(조직신학, 성경 신학, 역사신학, 실천신학 등)를 논리적이고 체계적으로 정립한다. 이처럼 각 양상은 해당 학문의 대상으로 그 자신의 독특한 법칙들에 따라 질서 지어지고 결정된다. 따라서 상호 환치될 수 없는 각 양상의 질서를 그는 '영역주권'의 원리라고 불렀다. 이것은 그가 카이퍼의 영역주권 사상을 우주론적 원리로 확장한 것이다. 또한, 각 양상은 그 양상의 특징을 규정하는 '의미의 핵(meaning-kernel)'을 가지고 있는데 가령, 생물적 양상의 의미의 핵은 생명력(vitality) 혹은 생명(life)이다. 다음 표는 지금까지 설명한 내용을 잘 보여준다.

성경적 세계관으로 본 학문과 신앙 및 삶의 통합

TABLE 1   Sciences per aspect

Aspect	Meaningfulness	Example science(s)	Some research methods
Quantitative	Quantity, amount	Arithmetic, statistics, algebra	Mathematical proof, computation
Spatial	Continuous extension	Geometry, trigonometry	Geometric or trigonometric proof
Kinematic	Movement	Kinematics, phoronomy	Calculus
Physical	Energy + mass	Physics, chemistry, materials science, geology	Laboratory experiment, with physical reasoning
Biotic	Life functions	Life sciences, physiology, biology, ecology	Greenhouse experiments, field studies, taxonomic analysis
Sensitive	Sense, feeling, emotion	Psychology (behaviourist), sensory sciences.	Stimulus-response trials, control groups, etc.
Analytical	Distinguishing	Logic, cognitive psychology	Logical proofs, brainstorming
Formative	Shaping, creativity; history, technology	"Sciences of the artificial," design science	Game playing, construct + test
Lingual	Symbolic signification	Linguistics, semiotics, hermeneutics	Hermeneutic analysis
Social	Social interaction and institution	Social sciences	Surveys, interviews analysed hermeneutically
Economic	Frugal use of resources	Economics, management science	Surveys analysed statistically
Aesthetic	Harmony, fun	Aesthetics	Studies of sensibilities
Juridical	Due; retribution, rights, responsibilities	Legal science, jurisprudence	Case review
Ethical	Self-giving love	Ethics	Attitude studies
Pistic	Vision, aspiration, commitment, creed, religion	Theology, some anthropology	Interpretation of sacred writings, apologetics

각 양상에 따른 학문

(brill.com/view/journals/phir/84/2/23528230_084_02_s001_i0001.jpg)

하지만 이와 동시에 도여베르트는 각 법칙 영역에는 다른 양상을 지향하는 의미의 모멘트, 즉 예기와 회기가 있다고 설명하는데 이것을 통틀어 양상의 '유추(analogy)'라고 부르며 이것을 양상의 '영역 보편성(universaliteit in eigen kring: sphere-universality)'이라고 불렀다. 즉, 각 학문 영역은 독립적인 주권을 가진 동시에 고립되지 않고 시간 안에서 서로 연결되는 보편성을 가진 독특한 구조로 되어있다는 것이다. 가령 재판관이 법정에서 피고의 여러 상황을 고려하듯 법적 양상도 윤리적 양상을 고려하지 않을 수 없다는 것이다.

나아가 도여베르트는 궁극적으로 학문과 신앙의 주체는 인간이라는 점에서 양자는 통합될 수 있다고 본다. 그는 이것을 이론적 사고의 대립(antithesis)과 종합(synthesis)으로 설명한다. 즉 그는 학문적 사고와 지식이란 비논리적 양상들과 논리적 양상 간의 대립이 이론적 종합에 의해 획득된다고 말한다. 가령 생물학(biology)은 생물적(bio) 양상과 논리적(logical) 양상이 서로 대립한 후 종합될 때 성립된다는 말이다. 그러나 이러한 이론적 종합이 일어나는 곳은 역시 인간의 중심인 마음이다. 다시 말해, 학문의 주체는 인간이며 그 중심인 마음에서 학문적 지식이라는 종합이 일어난다는 것이다. 그런데 이 마음 또한 자충족적(self-sufficient)이지 않으므로 그 궁극적 기원을 지향할 수밖에 없다. 이러한 기원이 성경적인 창조주일 경우 각 학문은 그리스도 안에서 통일되지만 그렇지 못할 경우, 과학적 물질주의 등을 낳게 되며 이것은 결국 사상적 우상이 된다고 도여베르트는 예리하게 비판하는 것이다. 즉 아무리 탁월한 학문적 업적을 남긴다고 할지라도 그것을 사용하는 인간의 마음이 중요하다는 것이다. 가령 노벨이 아무리 평화적인 목적으로 연구하여 다이너마이트를 발명해도 타락한 인간은 이것을 살인적인 무기로 만들어 버리는 것이다. 따라서 도여베르트는 인간 존재의 종교적 뿌리 및 집중점으로서 '마음'의 중심적 의미를 강조한다. 이 마음은 항상 기원에 의존하며 그 기원에 대해 긍정적 또는 부정적으로 응답할 수밖에 없고 이 반응이 어떠한가에 따라 학문의 방향성이 결정된다는 것이다. 따라서 도여베르트는 학문적 사고(思考)란 결국 의미를 부여하는 기원에 대한 끊임없는 추구라고 말한다. 따라서 그는 진정한 학문과 신앙의 통합은 만유의 머리 되신 그리스도의 주권 아래 거듭난 인간의 지성이 하나님의 영광과 이웃을 섬기기 위해 창조 질서 및 영적 법칙들을 연구할 때 이루어진다고 본다.

이런 점에서 도여베르트는 우리의 학문 활동이 결코 중립적이지 않으며 항상 신앙적 전제에 의존한다고 주장한다. 다시 말해, 학문의 궁극적인 출발점은 그 학문에 내재하지 않고 그것을 초월한다는 것이다. 이것을 그는 '이론적 사고의 선험적 비판(transcendental critique of theoretical thought)'이라고 부른다.

나아가 도여베르트는 카이퍼가 말했던 기독교적 원리와 비기독교적 원리 간의 화해할 수 없는 대립(antithesis) 사상을 계승하여, 성경적 근본동인 (根本動因, ground motive)과 비성경적 동인들 간에는 분명한 영적 대립이 있음을 명쾌하게 지적한다. 하지만 이와 동시에, 도여베르트는 소위 일반 은총(common grace)에 근거하여 그리스도인들과 비그리스도인들 간에 서로 대화하며 의사를 소통할 수 있는 학문적 공동체를 회복하고 유지하기를 원했다. 이러한 이유로 그는 첫 번째 주저인 『법사상 철학(*De Wijsbegeerte der Wetsidee*, 1935-36)』을 수정, 보완하여 학문적 사고에 필요한 조건들 또는 전제들에 관한 탐구로서 이론적 사고에 대한 선험적 비판을 발전시켰다. 그런 의미에서 그가 첫 번째 주저에서 시도했던 방법론을 '첫 번째 방법(the first way)'이라고 부르고 두 번째 주저인 『이론적 사고에 대한 신비판(*New Critique of Theoretical Thought*, 1953-57)』에서 그가 시도한 방법론은 '두 번째 방법(the second way)'이라고 부른다(Dooyeweerd, 1953). 전자에서는 도여베르트가 철학의 정의, 즉 의미의 총체성에 관한 탐구라는 점에서 출발하여 이론적 사고의 종교적 뿌리를 밝혔다. 하지만 이러한 철학의 정의에 대해 비기독교 철학자들이 동의하지 않았다. 그래서 그는 후자, 즉 이론적이고 학문적 사고 자체의 분석에서 시작하여 선험적 근본이념을 통해 종교적 뿌리 및 기원으로 나아갔다. 첫 번째 주저는 네덜란드어로 출판했지만 두 번째 저서를 영어로 출판한 이유도 더욱 넓은 학자들과 대화하기 위한 시도였다.

도여베르트가 교수직에서 은퇴할 때 『철학과 기독교(*Philosophy and Christianity*)』라는 기념 논문집이 그에게 헌정되었다. 이 책에 기고한 스위스 철학자 리차드 크로너(Richard Kroner)는 "이제 우리는 모든 철학적인 작업이 문화의 배경 아래에서 이루어지며 그 문화는 본질에서 종교에 의해 결정된다는 것을 알고 있다(Wir wissen heute zu gut, dass alles Philosophieren sich auf dem Hintergrunde einer Kultur abspielt, die wesentlich durch ihre Religion bestimmt ist.)"고 말했다(Kroner, 1965: 11). 이것은 신앙과 학문 간의 관계를 분석하려고 노력한 도여베르트 사상의 핵심을 표현했다고 할 수 있다. 이처럼 도여베르트는 카이퍼의 사상을 발전시켜 독특한 기독교 철학을 정립하면서 학문적 사고는 결코 종교적으로 중립적일 수 없음을 명쾌하게 보여주었다. 클라우저 또한 이론적 사고가 중립적이라고 생각하는 것은 신화와 같다고 주장한다(Clouser, 2005, 홍병룡, 2019).

5. 완성: 신앙과 학문의 통합이 완성됨

마지막으로 하나님의 나라가 완성될 때 신앙과 학문의 통합 또한 완전해질 것이다. 이것을 잘 보여주는 성경적 예를 든다면 동방박사를 들 수 있다. 마태복음에 나타난 내용을 보면 무엇보다 먼저 그들은 동방에서 별을 연구하는 천문학자들이었다. 하지만 동시에 그들은 장차 메시아가 오신다는 신

성경적 세계관으로 본 학문과 신앙 및 삶의 통합

앙을 가진 분들이었다. 이처럼 학문과 신앙이 통합된 그들은 당시 대부분 별을 보고 점을 치는 점성술사들과는 분명히 달랐다. 마침내 그들은 메시아의 탄생을 알리는 특별한 별을 보게 되었는데 거기서 멈추지 않고 위험을 무릅쓰고 큰 비용을 들여 아기 예수가 탄생한 베들레헴까지 와서 경배하는 동시에 가장 귀한 예물까지 드리는 모습을 볼 수 있다(마태복음 2:1-11) 이들은 이방인들을 대표하는 분들인 동시에 어쩌면 기독 학자들의 귀한 모범일 수도 있다고 필자는 본다.

사도 요한은 하나님의 나라가 완성되면 땅의 왕들이 그들의 영광을 그 도성으로 들여올 것이며 사람들도 민족들의 영광과 명예를 그 도성으로 들여올 것이라고 말한다(계 21:24, 26). 이것은 기독 학자들이 이 땅에서 연구한 모든 학문이 신앙과 통합될 때 그것은 마지막에 주님 앞에서 귀하게 인정받게 될 것이라는 의미일 것이다. 중세 네덜란드의 화가였던 얀 판 에이크(Jan van Eyck, 1390-1441)는 이 점을 다음과 같이 아름다운 그림으로 표현했다.

얀 판 에이크의 "신비로운 어린 양 경배"
(https://media.cntraveler.com/photos/57f66c4fed4dcfe84d3222a3/master/pass/
GettyImages—148274647.jpg)

III. 결론

지금까지 도여베르트가 학문이 신앙과 어떻게 통합될 수밖에 없는지 설명한 내용을 기독교 세계관의 네 요소를 통해 고찰해 보았다. 전능하신 창조주께서 만물을 지혜로 지으셨기에 학문은 그 창조 질서를 재발견하여 하나님께 영광을 돌리며 이웃을 섬기는 인간의 활동이었다. 이것을 도여베르트는 세 가지 선험적 기본 이념과 양상 이론을 통해 설명한다. 하지만 인간의 타락으로 이러한 학문 활동은 신앙과 분리되었고 인간은 자신을 위해 과학과 기술을 발전시켰으나 이것은 결국 창조주를 향한 것이 아니었으므로 자기모순과 배율에 의해 여러 가지 문제를 낳게 되었다. 도여베르트는 이것을 한 양상의 절대화를 통한 환원주의 및 사상의 우상화라고 지적한다. 그러나 그리스도의 구속을 통해 궁극적인 해결이 가능하게 되었으며 학문은 거듭난 지성을 통해 새롭게 신앙과 통합할 수 있게 되었다. 도여베르트 또한 각 양상의 영역주권 및 보편성 그리고 개체 구조를 설명한 후 이론적 사고가 어떻게 가능한지 분석하여 결국 인간의 중심인 마음이 그리스도 안에서 거듭나 다시금 창조주를 지향할 때 올바른 통합이 가능하며 과학과 기술도 인류에게 유익한 방향으로 발전할 수 있음을 설득력 있게 전개했다. 그리고 마침내 하나님의 나라가 완성되면 이 통합의 과정도 온전해져서 새 예루살렘의 성벽이 보석으로 장식된 것처럼 아름답게 열매 맺을 것을 우리는 보았다.

이처럼 도여베르트의 사상은 계속해서 많은 후계자를 낳게 되어 이들이 모인 대표적인 웹사이트로는 allofliferedeemed.co.uk가 있으며 보다 자세한 내용은 이미 89-90쪽에 언급했다.

국내에도 적지 않은 기독교 대학들과 기독교세계관 학술동역회를 중심으로 여러 기독 학자들이 각자의 전공 분야에서 신앙과 통합하려고 노력하

성경적 세계관으로 본 학문과 신앙 및 삶의 통합

면서 학술지 「신앙과 학문」도 발간하고 있다. 하지만, 앞으로 기독교 세계관 운동이 좀 더 활성화되고 특히 기독 소장 학자들에게 확산하는 동시에 도여베르트의 이러한 귀중한 사상적 유산을 더욱 계승하고 발전시켜 신앙과 학문이 통합된 연구 업적이 많이 나타나길 바란다.

제6장

헨드릭 반 리센의
학문과 신앙의 통합

본 장은 「한국개혁신학」 제39권(2013), 187-220에 "학문과 신앙 그리고 기독교 대학: 헨드릭
반 리센의 사상을 중심으로"라는 제목으로 발표된 논문을 수정, 보완한 것이다.

I. 서론

전 세계에는 많은 기독교 대학들이 세워졌다. 하지만 대부분 시간이 지나면서 그 기독교적 정체성을 상실하고 세속화되고 있다. 미국의 명문 하버드대학교의 총장을 지낸 루이스(Harry Lewis) 박사는 이것을 "영혼이 없는 탁월함(Excellence without a soul)"이라고 표현하면서 어떻게 이 대학교가 참된 교육을 잊어버렸는지에 대해 안타까움을 표했다(Lewis, 2006). 물론 그렇지 않은 대학들도 있으나 소수에 불과하다. 이러한 현상은 한국에도 동일하게 나타난다. 왜 그런가? 그리고 기독교 대학이 정체성을 잃지 않기 위해 지켜야 할 가장 중요한 핵심 가치는 무엇인가? 본 장은 바로 이러한 문제의식에서 시작되었다.

이러한 문제를 다루는 방법은 다양할 수 있겠지만 본 장은 네덜란드의 한 기독교 철학자에게 초점을 맞추려고 한다. 그는 헨드릭 반 리센인데, 이는 그가 나름대로 이 주제에 대해 진지하게 연구하였고 그 결과가 출판되었으며(Van Riessen, 1997), 필자가 볼 때 충분히 고려할 만한 가치가 있기 때문이다.

성경적 세계관으로 본 학문과 신앙 및 삶의 통합

반 리센은 1911년 네덜란드에서 태어나 아브라함 카이퍼의 영향을 받아 신앙이 삶 전체에 영향을 미친다는 성경적 관점을 갖게 되었다. 그는 델프트(Delft) 공대에서 공학을 공부하다 거기서 기독교 철학을 강의하던 폴렌호븐 교수로부터 깊은 영향을 받게 되었다(최용준, 2008: 105-131). 그 후 암스테르담의 자유대학교에서 철학을 공부하여 1949년에 철학과 기술에 대한 주제로 박사 학위를 받았다(Van Riessen, 1949). 그는 기독교적 관

헨드릭 반 리센
https://upload.wikimedia.org/wiki-pedia/commons/0/0b/Prof._dr._H._van_Riessen%2C_Bestanddeeln-r_926-9118_%28cropped%29.jpg

점에서 기술 철학을 본격적으로 연구, 발전시킨 철학자로서 현대 문화에 큰 영향을 미친 기술도 결코 중립적인 것이 아니라 규범적인 문화 현상이라고 주장했다. 그 후 그는 칼뱅주의 철학협회에서 개설한 특별 석좌 교수로 임명되어 델프트 공대에서 강의를 시작한 후 에인트호번(Eindhoven) 공대, 브레다(Breda)의 왕립 육군 사관학교에서도 철학을 강의했으며 1963년 폴렌호븐이 은퇴하자 그를 이어 자유 대학교에서 일반 조직 철학 및 문화 철학을 가르치기 시작했다. 따라서 그는 포프마(K. J. Popma, 1903-1986), 자우데마(S. U. Zuidema, 1906-1975) 및 메케스(J. P. A. Mekkes, 1898-1987)와 함께 네덜란드 기독교 철학 제2세대를 형성한 학자라고 할 수 있다.

반 리센은 그 후 학문과 신앙 그리고 기술문화에 대해 더 많은 관심을 가지지 시작했다. 1967년 자유 대학교 교수 취임 강연에서 그는 현대인의 무기력성을 분석하면서 서양 문화가 인간에게 학문과 기술을 통해 엄청난 힘을 가져다주었으나 정작 인간은 폐쇄된 세계관으로 인해 세속화되어 오히려 허무감에 빠졌다고 주장한다(Van Riessen, 1967). 나아가 이러한 세속화

의 근원적인 뿌리는 그리스의 자율적이고 독립적인 철학 및 학문관에 있는데 이를 이어받아 인간의 자율성에 기초한 학문을 강조하던 계몽주의는 처음에 과학기술의 놀라운 발전으로 인간에게 크나큰 권력을 주어 심지어 니체(F.W. Nietzsche, 1844-1900)는 신이 죽었다고까지 선언했으나 결국 20세기에 들어오면서 오히려 인간의 소외를 낳게 되었고 인간을 더 무력하게 만드는 부메랑 효과를 가져왔다는 것이다(Van Riessen, 1981: 5-6). 1974년 델프트 공대 은퇴 강연에서는 기독교 철학이란 본질적으로 학문적 사고와 신앙을 연결하는 것이라고 강조하면서 이는 성경이 하나님의 말씀임을 믿는 확신 때문에 조건 지어진다고 주장했다(Van Riessen, 1974).

나아가 그는 기독교 대학에 관해서도 깊이 연구하였다. 그 대표적인 예로 1962년 8월 28-30일에 캐나다의 개혁주의 학문 연구회(The Association for Reformed Scientific Studies)에서 개최한 유니온빌 스터디 컨퍼런스(Unionville Study Conference)에서 '대학과 그 기초(The University and its Basis)'라는 주제로 세 번의 강연을 했는데 여기서 그는 학문과 신앙과의 관계 및 기독교 대학이 세속화되는 이유와 그 정체성을 지키기 위해 해야 할 일들에 관해 분명히 밝히고 있는데 이 강연은 그다음 해 온타리오 해밀턴에서 기독교적 관점 시리즈로 출판되었으며 1997년 호주에서 다시 출판되었다(Van Riessen, 1997). 또한, 네덜란드에서도 『미래의 사회(De maatschappij der toekomst)』라는 대표적인 저서를 출판했다(Van Riessen, 1973). 본서에서 그는 학문에 기초한 조직이 지배적인 현대 사회의 구조가 인간의 자유로운 책임성을 저해한다고 주장하는데 그 이유는 권위와 자유의 균형 그리고 카이퍼가 강조한 영역주권을 상실했기 때문이라고 본다. 1981년에는 자유 대학교 은퇴 기념 강연을 하였는데 그 주제 또한 '어떻게 학문이 가능한가?'였다. 여기서 그는 학문이야말로 근대 기술을 발전시킨 원동력인 동시에 20세기의 위기를 초래한 주원인으로 분석하면서(Van Riessen, 1981) 이에 대한 대안

성경적 세계관으로 본 학문과 신앙 및 삶의 통합

으로 학문은 결코 자율적이거나 독립적이 아니라 철저히 신앙적 전제에 의존하며, 따라서 기독교 대학은 자유 대학교를 설립한 카이퍼가 품었던 비전대로 성경적 원리를 각 학문 분야에 구체적으로 구현하여 기독교적 학문을 발전시켜야 할 사명이 있다고 주장하였다(Van Riessen, 1981).

그렇다면 보다 구체적으로 그는 학문과 신앙의 관계를 어떻게 이해하였으며 나아가 대학의 본질과 그 세속화된 과정 그리고 기독교 대학의 정체성 및 궁극적 사명을 어떻게 제시하였는가? 이 논문에서는 이에 대한 그의 사상을 고찰한 후 많은 기독교 대학들이 세속화된 한국 상황을 고려하면서 나름대로 평가해 보고자 한다.

II. 헨드릭 반 리센의 학문과 신앙관

1. 반 리센의 학문관

반 리센은 학문이란 본질적으로 하나님의 법 또는 질서를 밝히는 이성적인 작업으로 보면서 학문의 발전 단계를 숲속을 거니는 산책에 비유한다. 즉 숲에 대한 경이감에 이어 그 속에 나타난 다양한 법과 질서들을 하나씩 발견해 나가는 과정으로 설명한다(Van Riessen, 1970: 80). 즉 학문적 지식은 창조세계라는 숲속에 담긴 다양한 현상들을 관찰하면서 선택, 판단하는 과정을 통해 법칙들을 발견함으로 획득되며 이러한 지식은 지속적인 비판적 반성 및 검증을 통해 재검토되므로 진정한 지식은 단지 사실들이 아니라 그 사실들에 관한 연구 결과들이며 이러한 지식이 체계화될 때 개별 학문이 성립되는 것이라고 그는 주장한다(Van Riessen, 1997).

보다 구체적으로 그는 학문의 성립과정을 네 단계로 나누는데 첫째로 법과 질서를 발견하고, 둘째로 심리적이고 감각적인 요소(숲에 대한 경이와 감탄)와 분석적 요소(법칙을 발견하기 위한 태도)가 분리된 후, 셋째로 인간과 환경과의 관계에 대한 인식이 이루어지면서 구체적이면서 사실적인 지식과 실제적인 지식 그리고 학문적 지식이 획득되며, 마지막 넷째로는 그 학문적 지식을 어떤 방향으로 활용할 것인지 결정해야 한다고 말한다(Van Riessen, 1970: 81-83). 이는 양상구조이론을 통해 학문적 혹은 이론적 사고를 분석했던 헤르만 도여베르트의 선험적 관점과 크게 다르지 않다고 말할 수 있다(최용준, 2005: 37-66). 하지만 여기서 주목해야 할 점은 반 리센이 단지 학문적 지식을 획득하는 것으로 끝나지 않고 그것을 어떻게 사용할 것인가에 대한 윤리적 방향성까지도 언급했다는 사실이다.

나아가 반 리센은 학문과 대조되는 경험에 대해서도 예리하게 분석한다(Van Riessen, 1970: 84-86). 도여베르트는 이것을 순진 경험(naive experience)이라고 불렀지만 반 리센은 이러한 경험이란 매우 독특하며, 현실을 전체적이고 구체적으로 수용하므로 통합적이고, 연속적인 동시에 계속 증가하면서 현실 참여적이고, 필연적이 아니라 우연적이라고 말한다. 반면에 학문은 이러한 경험에서 더 나아가 단순한 경이감(가령, 사과가 떨어지네!)과 호기심(사과는 왜 떨어질까?)에서 학문적 지식이 가능하기 위해서는 문제의식(사과는 반드시 떨어져야 하는가?)이 있어야 하며, 이러한 문제에 관해 연구하여 하나의 학문적 지식(만유인력의 법칙)을 얻게 된다는 것이다. 따라서 학문적 지식은 보편적이고 확실하며 필수적이고 현실과 거리를 둔 독립성이 있다는 점에서 경험과는 전혀 다르다고 본다. 가령, '비'는 하나의 현실이요 사실이다. '비가 온다'는 것은 하나의 실재 현상으로 우리가 경험하는 것이다. 그러나 '비는 식물의 성장에 필요하다'고 말하는 것은 이미 하나의 학문적 주장이라는 것이다(Van Riessen, 1970: 93).

이러한 의미에서 그는 학문의 세 가지 특성을 언급한다. 첫째로 학문이란 '체계(system)'이며 나아가 새로운 발견에 '개방된 체계(open system)'이

성경적 세계관으로 본 학문과 신앙 및 삶의 통합

고 둘째로 학문적 이론의 기초는 '가설(hypothesis)'로서 학자는 이것으로 현상을 설명하려고 시도한다는 것이다. 이러한 가설은 결국 인간의 경험과도 연결되어 있으며 법 또는 질서의 표현이라고 할 수 있다. 마지막으로 학문은 '필연성(necessity)'이 있다. 필연적 일관성이 없으면 학문적 지식이라고 말할 수 없기 때문이다. 반 리센은 이 모든 논의를 이렇게 요약한다(Van Riessen, 1970: 97-98).

> 학문은 지식을 추구한다. 지식은 경험에서 나오며 지식은 연구와 연구를 통해 얻은 데이터에 대한 조사를 기초로 획득된다. 이러한 분석은 가정들 및 분석과 추상이라는 방법으로 이루어진다. 학문이란 하나의 양상 안에 관련된 지식이며 체계적인 정합성을 가져야 하고 그러한 근거에서 책임을 져야 하며 현실에 대한 법칙들로서 결국 언어로 표현된다. 그리고 이러한 법칙들은 보편적으로 유효해야 한다.

나아가 반 리센은 학문이 낳은 지식은 사회적으로 볼 때 권력으로 연결된다고 주장한다. 왜냐하면, 학문을 응용한 기술은 현실에 대한 지배력을 증대시키고 따라서 인간이 미래를 더 통제할 수 있다고 보기 때문이다. 따라서 올바른 학문이 가능하기 위해서는 무엇보다 인간의 '자유'가 보장되어야 한다고 그는 강조한다. 학문적 자유가 보장되지 않고 다른 권력에 의해 제한된다면 올바른 학문의 발전이 이루어질 수 없기 때문이다. 하지만 이와 동시에 그는 실제 삶에서 학문의 역할을 과대평가하는 것은 미래 사회에 가장 불안한 징후라고 지적하면서 학문에 대해 너무 지나치게 기대하지는 말 것을 경고한다(Van Riessen, 1973: 146-153). 다시 말해, 학문이 우리의 모든 문제를 해결해주는 것은 아니며 학문적 지식의 응용에 대해서는 언제나 인간의 책임성이 강조되어야 한다는 것이다(Blokhuis, e.a., 1981: 14-16).

2. 반 리센의 철학관

그렇다면 반 리센이 보는 철학의 역할은 무엇인가? 그는 도여베르트나 폴렌호븐과 같이 철학이란 근본적으로 참된 지혜를 추구하며 모든 한계적 또는 궁극적 질문들을 다루는 동시에(Van Riessen, 1970: 12), 개별 학문을 연결하고 포괄하는 학문적 고리로 이해한다. 따라서 철학은 저수지와 같이 그 수문들을 여는 순간 각 학문의 모든 기본 질문들이 나온다고 본다(Van Riessen, 1997: 3).

나아가 그는 학문과 철학 둘 다 결국 신앙에 의존한다고 본다. 이를 비유적으로 신앙은 뿌리, 철학은 줄기 그리고 개별 학문은 가지라고 설명한다 (Van Riessen, 1970: 27-28). 도여베르트도 이것을 자신의 선험적 비판 철학에서 자세히 설명하고 있는데(Dooyeweerd, 1953-58) 반 리센은 도여베르트의 선험적 비판 철학 방법론에 대해 어느 정도 비판적 견해를 가지고 있기는 하지만(Van Riessen, 1970: 109-139) 철학과 학문이 자충족적이 아니며 종교적 신앙에 의존한다는 주장에는 전적으로 동의한다. 따라서 그도 학문 및 철학과 신앙은 불가분리적이며 이의 통합이야말로 기독교 대학에서 가장 중요한 기초요 핵심 주제로 본다고 말할 수 있다.

3. 반 리센의 학문과 신앙관

학문이 발견한 법 또는 질서를 반 리센은 하나님의 계시라고 설명함으로써 학문과 신앙이 상호 밀접한 관련이 있음을 주장하였고 철학 또한 종교적 뿌리가 중요함을 지적하였다. 물론 여기서 하나님의 계시는 성경에 나타난 특별 계시와 피조계에서 드러나는 일반 자연 계시 둘 다 포함한다. 학문이란 이 계시에 대해 인간이 이성을 통해 직관적으로 인식함으로 가능해지

성경적 세계관으로 본 학문과 신앙 및 삶의 통합

고(Van Riessen, 1981 : 26) 이 인식은 언어에 의해 표현됨으로 학문은 언어로 나타나게 되며(Van Riessen, 1981 : 17), 따라서 언어가 없다면 어떠한 개념 정립, 나아가 학문 활동도 불가능할 것이다.

동시에 여기서 우리가 주목할 점은 그가 성령의 역할도 매우 강조한다는 사실이다(Van Riessen, 1981 : 24-25). 성령은 진리의 영이므로 인간 영혼에 역동적으로 작용하여 이성을 올바로 사용하여 피조계에 숨은 질서들을 발견해 낼 뿐만 아니라 바르게 활용할 수 있도록 도와준다는 것이다. 따라서 반 리센에게 있어 학문에는 신앙적 요소가 매우 중요해진다. 즉 신앙이란 인간의 행동을 인도하며, 영에게 동기를 부여하여 학문의 방향을 제시한다는 것이다. 따라서 그의 핵심 논제는 학문이 결코 중립적이거나 자율적이지 않으며 신앙의 인도를 받는다는 점이다. 그는 자기 선배들과 마찬가지로 다음과 같이 주장한다. "학문의 중립성 및 독립성이라는 이념 자체가 종교적 기원이 있다. 많은 학자가 이 사실을 알지 못하며, 이 신앙은 단지 각 학자의 신앙이라기보다는 일반적인 세계관이며 시대정신으로 학문 전체에 강한 영향을 미친다."(Van Riessen, 1997 : 2)

따라서 모든 기독 학자들은 이 학문과 신앙의 관계를 분명히 해야 하며 나아가 이 신앙이 어떻게 학문함을 인도해 나가야 할지 이해해야 한다고 그는 강조한다. 동시에 자신이 다른 세계관에 의해 무의식적으로 영향을 받지 않는지도 조심스럽게 살펴야 할 것이라고 지적한다. 따라서 카이퍼와 같이 반 리센도 학문의 영역에 영적 대립(antithesis)이 있음을 지적한다(Van Riessen, 1997 : 11). 즉 하나님께 온전히 의존적인 학문과 인간 중심적이고 세속적인 학문은 상호 화합할 수 없는 대립성이 있다는 것이다. 후자, 즉 세속 학문 또한 엄격한 면에서 종교적 전제가 있는데 그것은 바로 인간의 '자율성(autonomy)'이다. 요컨대 그는 학문이 계시 및 전이론적 직관에 의존한다는 것을 우리가 인정한다면 학문의 자율성이라는 잘못된 신앙에서 진정한 자유를 누릴 수 있다고 주장한다(Van Riessen, 1981 : 26-27). 따라서 학문은 필연적으로 신앙과 연결되어 있고 또한 반드시 통합되어야 한다고 보며 이것을 기독교 대학에 관한 그의 논의와 밀접하게 연결하고 있다.

III. 헨드릭 반 리센의 기독교 대학관

1. 반 리센의 대학관

반 리센은 우선 대학이 단지 직장을 갖기 위한 준비 장소나 학문적 탐구만을 위한 곳이 아니라 '학문을 훈련하는 곳'이라고 말한다. 여기서 중요한 두 단어는 학문(science)과 훈련(training)이다. 그리고 여기서 훈련이란 개인적 훈련이 아니라 협력하는 훈련(joint training)이며 이 협력은 주로 교수들과 학생들 간의 협력을 의미한다(Van Riessen, 1997 : 3-4). 대학은 특히 이 학생들을 위해 존재하며 이들의 학문적 훈련이야말로 대학의 가장 중요한 의미라고 반 리센은 강조한다(Van Riessen, 1997 : 4). 여기서 그가 대학의 '교육'보다 '훈련'을 더 강조하는 이유는 교수의 가르침보다 학생들이 스스로 학자가 될 수 있도록 발전할 수 있는 여건을 마련해 주어야 한다고 보기 때문이다. 따라서 이런 여건이 갖춰지지 않은 대학은 결국 실패할 수밖에 없다는 것이다.

그러므로 교수의 역할은 학생들이 스스로 연구하여 교수와 같은 수준의 학자가 될 수 있도록 도와주는 것이며 따라서 학문의 훈련은 단지 첨단 지식의 전수만이 아니라 이러한 연구 과정을 통해 학문하는 훈련을 하는 것이 대학의 가장 중요한 목표라고 본다. 그렇다면 훈련과 연구(investigation)는 어떤 관계가 있는가? 반 리센은 다음과 같이 말한다. "최고 수준의 지성적 훈련은 연구를 포함하는 역동적 지식 추구과정이다."(Van Riessen, 1997 : 5)

성경적 세계관으로 본 학문과 신앙 및 삶의 통합

즉 양자 간의 균형을 강조하는데 만일 훈련만 강조한다면 새로운 학문의 발전이 불가능할 것이며, 연구를 너무 강조한다면 대학의 가장 중요한 요소인 학생들이 관심의 대상 밖으로 밀려나게 되어 대학은 결국 연구소가 되고 말 것이기 때문이다.

그럼 대학에서는 어떤 문제를 연구 및 훈련의 주제로 다루어야 하는가? 반 리센은 모든 사람에게 보편적으로 중요한 문제를 다루는 동시에 특수한 주제에 대해서도 전문적으로 연구할 수 있어야 한다고 주장한다(Van Riessen, 1997: 6). 즉 보편성과 특수성 모두에 능숙해야 한다는 것이다. 가령, 더욱 철저히 철학을 하기 위해서는 특수한 이슈와 씨름할 수 있어야 하고 이를 보다 효과적으로 하기 위해서는 전체적이고 보편적 주제를 다루는 철학도 할 수 있어야 한다고 본다. 쉽게 말하면 나무와 숲을 동시에 볼 줄 아는, 미시적인 동시에 거시적인 안목이 필요하다고 말할 수 있겠다. 이런 의미에서 현실 전체를 보는 철학적 훈련이 대학에서 매우 중요하다고 그는 주장한다. 이와 동시에 개별 학문도 중요한데 그 이유는 전체적인 학문인 철학적 훈련을 한 후에 개별 학문이 전체와 어떻게 연관이 되는지 알아야 하기 때문이며, 그렇게 함으로써 인류의 문화 또는 문명 발전에 진정한 공헌을 할 수 있다고 생각하기 때문이다.

또한, 주목할 점은 학문의 발전에 있어 대학의 공동체성이 매우 중요함을 반 리센은 강조한다. 가령 학부 학생들은 지도 교수의 학문적 가르침 못지않게 인격 및 영적 영향을 많이 받기 때문에 세속 대학에서는 기독 학생들이 신앙을 잃어버릴 수도 있음을 그는 경고한다(Van Riessen, 1997: 12). 그는 대학의 정체성을 이렇게 정리한다(Van Riessen, 1997: 12-13).

1) 대학은 학문을 연마하는 곳이다.
2) 이 훈련은 배우는 공동체에서 수행되어야 한다.

3) 대학에서 훈련하는 대상은 학생들이다.

4) 탐구 및 연구는 이러한 훈련을 지원하고 추진하기 위함이다.

5) 학생들의 지성을 훈련하는 목적은 학문의 도구들에 숙달할 현명한 교양인 (a wise man or woman of culture)을 배출하기 위함이다.

6) 이를 목적으로 하는 학문에 대한 접근은 보편적인 동시에 특수해야 한다.

7) 대학의 외적 목적은 전문 직업을 위한 훈련과 함께 사회에서 일반적 지도력을 발휘할 훈련을 쌓는 것이다.

8) 대학에서의 학업은 방향성이 있다. 이것은 대학, 학부 또는 개 교수에 의해 주로 결정된다.

2. 대학의 세속화 과정

학문과 신앙의 통합을 추구하는 기독교 대학의 형성 및 발전을 논하기 위해 기존 대학들에 대한 올바른 인식과 함께 세속화된 원인도 철저히 분석해야 한다는 것이 반 리센의 생각이다. 따라서 그는 기존 대학들의 세속화 과정을 역사적으로 심도 있게 진단한다. 서양 역사에서 10세기까지의 학문 활동은 여러 가지 불안정한 상황으로 수도원 등지에서 주로 고대 그리스 철학자들이나 교부들의 문헌을 재해석하는 것에 집중하였다. 따라서 학문의 발전에 새롭고 독창적인 공헌을 하기는 어려웠다. 하지만 11세기부터 새로운 변화가 일어났는데 이때 학문의 시작인 지적 호기심이 부활하면서 학자들에게 학생들이 몰려들어 정식 대학들이 설립되었고 대부분 기독교적 배경에서 세워졌다. 당시 대학에서 공부하는 목적은 주로 교양을 갖춘 문화인이 되기에 필요한 백과사전적인 지식을 습득하기 위함이었다(Van Riessen, 1997: 20). 그래서 가장 중요한 과목들은 문법, 논리학 및 수사학을 뜻하는 삼학(三學, trivium) 및 기하학, 산술학, 천문학 및 음악을 포함하는 사과(四科,

성경적 세계관으로 본 학문과 신앙 및 삶의 통합

quadrivium)였으며 그 후에 신학과 철학을 공부할 수 있었다. 이런 상황에서 대학이란 학자들과 학생들의 자유로운 공동체로서 교회나 국가가 어떤 간섭도 하지 않는 일종의 길드 조직이었다.

이 대학들이 발전하면서 외부 지원이 필요하게 되었는데 처음에는 주로 지역의 영주나 황제에게서 왔다. 그러면서 대학이 서서히 국가의 간섭 아래 놓이게 되어 가령 교수 임용에 정부가 관여하게 되었다. 한편 교회도 그 산하에 있는 대학의 모든 행정 및 교육을 통제하기 시작하여 대학의 독립적인 주권은 침해를 받게 되었다. 반 리센은 여기서 카이퍼의 영역주권이론을 인용하면서 교회나 정부가 결코 대학의 정책에 간섭하거나 주권을 침해해서는 안 된다고 강조한다. 즉 교회, 정부 및 대학은 절대 주권자이신 하나님으로부터 자기 영역에 주권을 위임받았으므로 그 범위 내에 머물러야지 그 경계를 넘어 다른 영역에 간섭해서는 안 된다는 것이다. 그러면 여러 문제가 발생했는데 가령 교회가 지동설을 주장한 갈릴레오를 억압함으로 진정한 학문의 발달을 저해했다(Van Riessen, 1997: 21-23).

반 리센은 대학을 교회와 국가 다음으로 중세부터 서양에 나타난 제3의 기관으로 보면서 현실에 관한 관심과 호기심으로 학문적 탐구를 통해 교회로부터 독립하여 올바른 지식을 얻고자 하는 대학의 등장을 긍정적 의미의 '세속화(secularization)'라고 부른다(Van Riessen, 1997: 24). 즉 대학이 교회로부터 점차 독립하게 되었다는 뜻이다. 하지만 이러한 대학의 세속화는 종교적 함의를 띠면서 점진적으로 교회의 경쟁자로 등장하게 되었다고 그는 본다. 즉, 교회로부터 독립하면서 학문을 신앙으로부터 분리하려는 경향을 보이게 되었다는 것이다. 이런 상황을 반 리센은 도여베르트가 중세의 사상과 문화를 지배한 종교적 근본 동인이라고 말했던 자연 및 초자연(은총)이라고 하는 이분법적 구도로 설명한다(Dooyeweerd, 1949: 33-37). 즉 이 세상을 은총의 영역과 자연 영역으로 나누어 교회는 전자를 지배하는 반면 국가와 대학은 후자에 관여한다고 본다. 자연의 세계는 자연법에 따라 자율적으로 지배되며 여기에는 인간의 이성이 주된 역할을 한다. 이 영역은 타락의 영향을 받지 않았기 때문에 예수 그리스도의 구속도 필요 없으므로 이 영역은 교회, 신앙 및 은총과는 아무런 상관이 없다는 것이다. 하지만 대학이 이러한 자율성을 갖게 된 것이 결국 학문의 세속화를 낳게 되었고 바로 이것이 현대 대학의 위기라고 반 리센은 진단한다(Van Riessen, 1997: 26).

중세 시대에 자연과 초자연 또는 이성과 신앙의 조화를 통해 균형을 이루고자 한 대표적인 학자는 토마스 아퀴나스(Thomas Aquinas, 1225-1274)다. 그는 양자가 각기 자율성을 가지고 있으며 전자는 후자로 나아가는 디딤돌 역할을 한다고 봄으로써 양자 간의 타협을 시도했는데 이는 기독교 세계관과 그리스 철학, 특히 아리스토텔레스(Aristoteles, B.C. 384-322)의 사상을 종합하고자 했다. 이렇게 함으로써 교회는 이성과 대학의 자율성을 인정하는 듯하면서 실제로는 세속적인 일들과 지적인 영역에도 간섭할 수 있다고 생각했다. 그러나 이렇게 자연 영역에 자율성을 인정한 것은 결국 대학이 세속화되는 근거를 제공했으며 나아가 자연과 초자연을 종합하려고 시도함으로써 대학이 결국 교회와 정부로부터 독립되지 못하고 종속되는 오류를 범했다고 반 리센은 지적한다(Van Riessen, 1997: 27).

여기서 토마스가 자연과 은총을 종합하려고 시도한 중세에 대학이 본격적으로 시작되었다는 사실을 우리는 다시금 주목할 필요가 있다. 왜냐하면, 이때부터 사람들은 영원에 관한 관심 외에 이 세상에 관해서도 관심을 두게 되어 이것을 문화 또한 자연의 영역으로 보고 고대 그리스 사상에 대해 새롭게 연구하면서 이를 '르네상스(Renaissance)'로 불렀기 때문이다. 결국, 르네상스는 대학의 세속화를 가속했다고 반 리센은 본다. 즉 인본주의적 세계관이 대학에 침투하게 되었고 대학의 목적은 이제 고대 그리스 고전을 통해 이성의 자율성을 믿는 세계관에 따라 독립성과 존엄성을 갖춘 문화인을 배

성경적 세계관으로 본 학문과 신앙 및 삶의 통합

출하는 것으로 변한 것이다. 이와 동시에 시간이 흐르면서 사람들은 차세보다 현세의 삶에 더 많은 관심을 두게 되어 인본주의자들이 그리스도인들을 이기게 되었고 교양있고 학문을 한 엘리트들은 더욱 교회와 멀어지게 되어 대학도 세속화되었다고 반 리센은 주장한다(Van Riessen, 1997: 32).

그 후 대학의 영향력은 더욱 증가하여 19세기에 와서는 교회의 간섭에서 완전히 벗어나 지성적 지도력을 발휘하기 시작하면서 현대 문명의 발전에 결정적인 공헌을 하게 되었다. 그러나 동시에 이러한 대학의 공헌에 대해서는 양면성이 있음을 고려해야 한다고 반 리센은 말한다. 즉 긍정적인 면에서 대학은 인간의 복지 증진, 민주주의의 발전 등에 공헌했지만 부정적인 면으로는 프랑스 혁명처럼 신앙을 부정하며 교회를 대적할 뿐만 아니라 오히려 억압하게 되었다는 것이다. 그 결과 현대의 세속적 대학들은 무신론과 허무주의의 산실인 동시에 그 희생물이 되었다고 그는 진단하는데 그 이유는 지식의 권력화와 문명화된 인간의 개인적 권력에 기인한다고 보기 때문이다(Van Riessen, 1997: 27-28). 이것은 도여베르트가 지적한 근대 서구 사상 및 문명의 종교적 근본 동인인 자연-자유 동인과 일맥상통하는 지적이라고 할 수 있다(Dooyeweerd, 1980: 45-51). 즉 과학 및 기술이 발전하면 인간의 자유가 더 보장되고 확대될 것으로 기대했으나 오히려 인간의 정신 활동도 자연 과학적 인과율에 의해 제한되면서 인격적 자유가 설 땅이 사라져 버렸다는 것이다. 대학도 현대의 모든 문제를 학문의 힘으로 해결할 수 있을 것으로 믿었으나 오히려 그 희생물이 되고 말았고 따라서 현대인들의 기대를 배신했다는 말이다. 나아가 반 리센은 자연과학의 괄목할 만한 발전이 결국 인문/사회 과학도 지배하게 되어 각 학문의 고유한 영역이 인정되지 못하고 다양한 환원주의를 낳게 되었으며 결국 대학의 목표인 학생들의 학문적 훈련을 통한 교양 있는 문화인 배출도 실패했다고 본다. 그 결과 서구는 20세기에 들어와 더는 발전하지 못하고 1, 2차 세계대전 및 경제 대공황과 같은 결정적 위기를 맞게 되었다는 것이다.

이에 대해 반 리센은 종교개혁자들이 이렇게 세속화되어가던 대학들을 개혁하기 위해 노력했음을 상기시키면서 독일의 라이프치히(Leipzig) 대학, 예나(Jena) 대학, 하이델베르크(Heidelberg) 대학, 쾨닉스베르그(Königsberg) 대학, 스위스의 바젤(Basel) 대학, 제네바(Geneva) 대학 및 네덜란드의 레이든 대학 등을 그 예로 든다(Van Riessen, 1997: 33). 하지만 이러한 대학들이 시대사조를 거슬러 간다는 것은 절대 쉽지 않았다. 왜냐하면, 성경으로 돌아간다는 것은 새로운 신학 및 철학을 동시에 요구했기 때문이다. 따라서 고전 분야에도 중립적이고 자율적인 학문관을 배격하는 새로운 접근이 필요했다. 따라서 처음에 개혁주의자들은 인문주의자들과 힘을 합쳐 가톨릭의 스콜라주의를 배격했으나 나중에 인문주의자들의 종교적 동인을 알고 난 이후부터는 이들의 사상도 비판하지 않을 수 없었다. 하지만 이 가운데도 아리스토텔레스의 영향만큼은 계속해서 남아 있었다고 반 리센은 본다(Van Riessen, 1997: 34). 그 한 예로 그는 레이든 대학교의 경우를 자세히 설명하고 있다. 네덜란드에서 최초로 세워진 이 대학교는 스페인 필립 2세의 학정에 대해 80년 동안 계속된 독립 전쟁이 승리로 끝난 후 시민들의 요청을 받아들인 윌리엄 1세에 의해 1574년에 칼뱅주의적 개혁 정신을 따르는 대학으로 설립되었다. 이 대학은 당시 네덜란드 개혁교회가 필요로 하던 목회자들을 양성할 뿐만 아니라 정부에 필요한 공무원 인재들을 양성하는 것도 염두에 두었다. 카이퍼는 그의 유명한 연설 "칼뱅주의"에서 이 사실이야말로 개혁주의적 그리스도인들이 결코 학문을 무시하지 않고 신앙과 통합해야 함을 잘 보여주는 역사적 증거로 들고 있다(Kuyper, 1931: 110-112).

하지만 이 대학은 그 이후 정체성을 제대로 보존하지 못하였는데 반 리센은 그 이유를 다음과 같이 세 가지로 설명한다(Van Riessen, 1997: 37-39). 우선 당시 그리스도인들이 학문의 개혁에 대한 필요성을 제대로 알지 못했

성경적 세계관으로 본 학문과 신앙 및 삶의 통합

다. 당시 개혁교회는 목회자 양성에만 관심이 있었지 그 신학부 안에서 가르쳐지는 아리스토텔레스의 철학에 대해서는 무관심했다. 또한, 대학을 세우긴 했으나 자격을 갖춘 교수들을 구하기가 쉽지 않았고 지원하는 학생들도 별로 없어 결국 신학부는 실패작으로 끝나고 말았다. 나아가 신학부는 종종 칼뱅주의 교리를 수호하는 학자들과 반대하는 항론파 학자와 학생간에 치열한 논쟁의 장이 되기도 했는데 이러한 논쟁은 돌트 총회(Synod of Dort, 1618-19)를 통해 겨우 마무리되었다.

둘째로 이 대학은 개혁주의적일 뿐만 아니라 국립대학으로 설립되었지만 사실 당시 네덜란드 국민의 10%만 개혁교회에 속해 있었다. 따라서 중요한 인사권에 국가가 개입하게 되어 진정한 개혁주의적 인재들을 등용하기가 어려웠다. 그 결과 교회와 학생들 그리고 국가가 임명한 이사들과 교수들 간에 긴장과 갈등이 끊이지 않았다. 신학생들이 입학하면서 서명했던 맹세들도 다른 학부생들과의 마찰로 인하여 폐기되었으며 개혁주의자들과 자유주의 신학자들 간에도 치열한 분쟁이 지속하다가 결국 후자가 승리하게 되었는데 이는 국가가 이들과 점점 타협하였기 때문이다.

끝으로 대학이 자신의 영역주권에 대해 충분히 이해하고 지키지 못했다는 것이다. 이 대학의 주도권을 잡기 위해 교회와 정부 간에 충돌이 빈발했다. 이는 결국 대학이 추구해야 할 본연의 사명 추구 및 건강한 발전에 걸림돌이 된 것이다. 이러한 논의들을 종합하여 현대의 세속화된 대학들을 진단한 결과 반 리센은 세 가지 면에서 변질되었다고 예리하게 지적한다. 먼저 배움의 공동체가 하나의 조직으로 대체되었고, 학문에 대한 일반적인 접근이 전문화(specialization)로 대체되었으며 나아가 학문의 자유로운 특성이 실용적인 지식 및/또는 정보를 학생들에게 주입하는 교육 시스템으로 대체되었다는 것이다(Van Riessen, 1997: 14).

이것은 무엇보다 현대 과학과 사회발전의 산물이라고 그는 분석한다

((Van Riessen, 1973). 즉 지나친 전문화에 대한 강조로 인해 대학에서 보편적 학문성이 위협받는다는 것이다. 특히 지난 2세기 동안 과학기술의 발달로 학문의 세분화가 가속화되었고 이것이 현대 사회에 가장 결정적인 힘을 가지고 있어 대학은 이제 교회보다 더 영향력이 크다고 그는 주장한다. 그 결과 현대인들은 신앙적 설명보다 과학적 설명이 더 객관적이라고 생각하게 되었고 그 결과 대학은 오히려 진정한 독립성을 상실했다고 반 리센은 진단한다. 즉 사회나 정부가 규정하는 방식대로 움직이는 대학이 되고 말았으며 대학과 학문 세계에도 진리가 실제적 가치에 의해 결정되는 실용주의(pragmatism)가 지배하게 되었다고 그는 비판한다(Van Riessen, 1997: 15).

나아가 전체적으로 향상된 시민들의 생활 수준 또한 대학의 정원이 증가하게 된 요인이었다고 그는 지적한다(Van Riessen, 1997: 15). 즉 대학을 졸업해야만 좀 더 좋은 직장에서 더 큰 영향력을 미치며 풍요하고도 안락한 삶을 살 수 있다고 하는 의식이 보편화하였다는 것이다. 따라서 대학 교육은 대중화되었고 모든 사람은 어떤 대가를 치르더라도 대학 졸업장을 갖기 원하므로 대학은 결국 사회가 요구하는 전문인들 및 행정 인력들을 대량생산하는 하나의 공장이 되고 말았다고 본다. 이러한 지적들은 한국의 대학 상황에도 매우 타당한 지적으로 우리가 깊이 반성해야 할 부분이라고 말할 수 있겠다.

요컨대 전문화, 사회에 대한 실용적 관계 그리고 대중 교육이 현대 대학의 변화 및 세속화에 가장 큰 영향을 준 요인으로 반 리센은 본다. 그 결과 대학의 공동체성이 상실되었고 학문의 일반성은 무시되기 시작했으며 학문의 자유는 시간 낭비로 간주하였다는 것이다. 따라서 대학은 더는 교양 있는 남녀를 학문적으로 훈련하는 곳이 아니며 대학의 이러한 변질은 불가피한데 이는 결국 물질주의적 세계관의 산물이라고 반 리센은 본다. 즉 표면적으로 잘 나타나지는 않지만 이러한 현상의 기저에는 신앙적 뿌리, 즉 물

성경적 세계관으로 본 학문과 신앙 및 삶의 통합

질적이며 결정론적 세계관 및 운명론적 대학관이 깔렸다는 것이다(Van Riessen, 1997: 16).

따라서 반 리센은 현대를 영적 해체가 일어나고 있는 위기의 시대로 분석하면서 현대의 대학이 기독교 대학의 이상과는 정반대의 모습을 띠고 있고 이 두 종류의 대학의 기저에는 화해할 수 없는 영적 대립이 존재한다고 주장한다. 물론 한국의 기독교 대학들의 세속화되는 과정이 이와 반드시 일치한다고 볼 수는 없겠지만 서구 상황에서 볼 때 반 리센의 지적은 매우 설득력이 있다고 본다. 그렇다면 마지막으로 그는 올바른 기독교 대학을 회복하기 위해 어떻게 해야 한다고 보는가?

3. 반 리센의 기독교 대학관

반 리센은 기독교 대학을 논의하면서 무엇보다 그 기초가 매우 중요함을 강조한다. 그 이유는 이것이 대학의 출발점이요, 학문의 동기를 부여하는 동시에 그 방향을 결정하기 때문이다. 즉 대학의 기초란 개별 학문 및 전체 학문의 성격 및 의미를 규정하는 원리들이며 가르침과 배움 그리고 나아가 문화와 지혜의 내용까지 결정한다고 그는 말한다(Van Riessen, 1997: 47-48).

나아가 주목할 것은 그가 진정한 기독교 대학이란 원칙적으로 신앙공동체이어야 한다고 주장하는 점이다(Van Riessen, 1997: 49). 즉, 기독교 대학은 단순히 지식을 전달하는 기관이 아니라 교직원과 학생들이 사랑으로 하나 된 유기체를 이루어야 한다는 것이다. 물론 이에 반대하는 사람들은 이것이 편견이며 학문의 객관성과 중립성을 포기하고 교리적이며 독단적으로 만드는 것이라고 비판할 것이다. 반 리센 또한 기독교 대학에서의 학문 활동이 본질적으로 자유로워야 함을 충분히 인정한다. 따라서 학자들은 전통에 대해 비판적일 수 있으며 기존 학설을 의심해 볼 수 있고 자신만의 학문 방법을 자유롭게 선택할 수 있다. 바로 이러한 의미에서 반 리센은 대학이란 학문을 교육하는 곳이 아니라 훈련하는 곳이라고 정의하기 원하는 것이다. 그런데도 그는 자유주의적(liberal)이고 인본주의적인 대학에 대해서는 분명히 반대하면서 자유주의적이라는 말의 의미가 조금씩 변천됐음을 밝힌다. 즉 중세 시대에는 지식의 가치를 보장하려는 시도를 의미하는 단어였으나 근대에 와서는 학문과 대학이 종교와 기타 어떤 세계관에 대해서도 중립성을 가짐을 의미하게 되었다는 것이다. 하지만 결국 이러한 자유주의는 결국 방향성을 잃게 되어 허무주의를 낳을 수밖에 없다고 그는 비판한다(Van Riessen, 1997: 50-54). 따라서 인본주의적이고 자유주의적 대학과 교리적이며 독단적으로 보이는 대학 간의 논쟁은 사실 잘못된 것이다. 왜냐하면, 자유롭고 중립적이라고 하는 주장 또한 궁극적으로 종교적이기 때문이다.

여기서 확실한 것은 대학이 분명 어떤 이념이나 원리들에 의해 인도함을 받는다는 사실이다. 그렇다면 현대 인본주의 및 자유주의적 대학들의 기초를 형성하는 원리들이 무엇인가? 그것은 결국 과학과 대학에서 종교적 자율성을 가지고 있다고 보는 인간에 대한 확신이다. 인간의 자율성에 대한 믿음은 역사적으로 볼 때 다양한 형태로 나타났음을 반 리센은 지적한다. 가령 데카르트는 이것을 이성의 내적인 빛 또는 생득 관념(innate ideas) 그리고 방법적 회의라고 말했고, 흄(David Hume, 1711-1776)은 인상들(impressions)의 확실한 기초라고 표현했으며, 후설(Edmund Husserl, 1859-1938)은 환원적 방법, 딜타이(Wilhelm Dilthey, 1833-1911)는 역사적 방법, 논리실증주의에서는 검증의 원리, 선험 영역이란 동의어 반복이라는 말로 나타났다는 것이다(Van Riessen, 1997: 31). 이렇게 학문에 대한 인간의 자율성을 신봉하는 세계관에 의해 자유주의적인 대학이 발생하였고, 이러한 과학적 탐구 때문에 발견된 법칙들을 진리로 받아들이게 되었다고 그는 분석한다. 그 결과 보편타당한 진리에 대한 이념이 대학을 이끌고 가는 종교적 기본 동인이

성경적 세계관으로 본 학문과 신앙 및 삶의 통합

되었고 현대에는 교회보다 더 큰 영향력을 발휘하고 있다는 것이다. 하지만 반 리센은 이러한 관점은 성경적이 아니라 배교적 신앙의 열매이며 현대 대학과 학문을 지배하는 시대정신이라고 날카롭게 비판한다.

그 결과 현대 사조는 점점 혼돈과 마비의 증세를 보인다고 반 리센은 지적한다. 근대를 강력하게 이끌어 오던 진보에 대한 확신도 흔들리기 시작했으므로 과거에 가지고 있던 자존감도 상실하고 말았다고 본다. 현대의 대학은 과거처럼 전체적인 진리를 알 수 있다는 확신은 갖고 있지 않지만, 최소한 부분적 진리는 발견할 수 있으며 그 진리는 힘이 된다는 것, 즉 학문의 자율성에 대한 믿음은 불변하다는 것이다. 따라서 종교로부터 독립한 학문만이 진정한 지식을 제공할 수 있으며 이 지식은 모든 사람이 받아들여야 한다는 것이다. 바로 여기에 자유주의적인 대학과 기독교 대학 간에 결정적 차이가 있다고 그는 본다. 즉 둘 다 참되고 보편적인 지식을 가르친다고 주장하지만, 전자는 자신이 또 다른 종교적 전제 위에 서 있다는 사실을 깨닫지 못하고 있다는 것이다.

반 리센은 앞서 언급한 시대정신에 비추어볼 때 기독교 대학은 자유주의적 대학을 신봉하는 사람들의 관점에서 보면 매우 비정상적이며 마치 나룻배로 나이아가라 폭포를 거슬러 올라가려고 시도하는 것처럼 어리석은 일처럼 보일 수 있음을 인정한다. 하지만 "땅과 그 안에 가득 찬 것이 모두 다 주님의 것, 온 누리와 그 안에 사는 모든 것도 주님의 것"(시편 24:1)이며 "먹든지 마시든지, 무슨 일을 하든지, 모든 것을 하나님의 영광을 위하여 하라"(고린도전서 10:31)는 말씀에 기초하여 기독교 대학을 세워야 한다고 주장한다. 이런 기독교 대학이 가능하기 위해서는 무엇보다 성경에 그 기초를 놓아야 하며 나아가 우리의 삶 전체가 종교적임을 인정해야 한다고 반 리센은 강조한다. 즉 우리는 전적으로 하나님께 의존하는 존재이며 우리의 모든 학문도 주님이 기원이신 동시에 주관자이시고 나아가 완성하시는 분이므로 학문과 대학의 모든 인간적 자율성은 결코 인정할 수 없다는 것이다. 따라서 기독교 대학이 가능해지려면 교수와 직원 및 학생들이 그리스도 안에서 하나님과 언약적 교제를 나누어야 하며 그리할 때 진정 배움의 신앙공동체가 가능하다고 반 리센은 강조한다(Van Riessen, 1997: 63). 왜냐하면, 앞에서 밝힌 것처럼 이러한 공동체성이야말로 대학의 전제인데 인본주의적 대학에서는 이것을 유지하는 것이 거의 불가능하기 때문이다.

나아가 진정한 기독교적 자유란 그리스도 안에서 자유로운 동시에 그분에게 온전히 헌신함으로 인간의 자율성과 같은 우상으로부터 자유로움을 의미한다. 이 자유는 우리가 창조의 종교적 의미에 대해 응답할 수 있게 해주며 학문이 자랄 수 있는 환경을 조성하여 학업에 올바른 관점을 제공하고 신앙과 학문이 대학과 함께 진정한 위치를 차지하는 동시에 창조와 통합될 수 있도록 해 준다는 것이다(Van Riessen, 1997: 64). 이것이야말로 반 리센이 학문과 신앙의 통합 그리고 기독교 대학의 정체성을 종합적으로 요약한 가장 중요한 대목이라고 말할 수 있다. 결국, 기독교 대학은 지성, 영성, 인성적 교양을 갖춘 인격자를 배양하는 곳인데 참된 지혜와 지식은 그리스도 안에 감추어져 있으므로(골로새서 2:3) 하나님의 형상을 회복하는 것이야말로 진정한 교양이라고 반 리센은 강조한다(골로새서 3:10). 이러한 기독교 대학의 비밀은 하나님의 말씀인 성경이며 이 성경을 통해 하나님께서는 대학 공동체에 말씀하시고 그 말씀에 청종하는 사람들에게 성령으로 역사하시며 인도하신다(Van Riessen, 1997: 64).

나아가 앞서 언급한 바와 같이 반 리센은 카이퍼에 전적으로 동의하면서 기독교 대학과 인본주의적인 대학 간에는 근본적이고도 영적인 대립이 있음을 다시금 강조한다. 영적 대립이란 아브라함 카이퍼가 하나님의 나라와 사탄의 나라 간에 화해할 수 없는 관계를 묘사하기 위해 만들어 낸 용어로 이것은 기독교 대학이 만드는 것이 아니라 인본주의적 대학으로 인해 생

성경적 세계관으로 본 학문과 신앙 및 삶의 통합

겨나는 것이며 이것을 그는 하나의 영적 전쟁으로 묘사하면서 이 과정에 여러 가지 어려움이 발생할 수 있다고 말한다. 먼저 기존의 익숙한 길을 버리고 새로운 길을 선택한다는 것은 언제나 쉽지 않다. 즉 대학 대부분이 자유주의적인데 기독교 대학을 시도하는 것 자체가 쉬운 일이 아니라는 것이다. 둘째로 기독교 대학 및 학문을 한다는 것에 대해 기독 학자들 간에도 찬반 논란이 있다. 왜냐하면, 기독 학자들도 무의식적으로 인본주의적 동인에 영향을 받는 경우가 있기 때문이다. 나아가 이러한 영적 대립이 구체적 삶의 현장에서는 혼합된 형태로 나타나 분별하기가 쉽지 않다(Van Riessen, 1997: 65-66).

그러면서 반 리센은 카이퍼의 일반은총론은 인정하지만 비기독인들의 단편적 진리는 인정할 수 있다는 의견에는 동의하지 않는다. 왜냐하면, 진리란 전체적으로 보아야 하기 때문이며 교회에 의해 중세의 종합적 시도로 설립된 대학들이 결국 현대 인본주의에 따라 정복되었고 그 결과 허무주의에 귀착하고 말았으며 학문 공동체, 학문의 보편성, 지혜와 문화의 관점에 위기를 낳았다고 보기 때문이다. 따라서 기독교 대학을 설립하는 것은 오히려 이런 점에서 대단한 이점을 가지고 있다고 그는 주장한다((Van Riessen, 1997: 66-67).

나아가 반 리센은 다른 두 종류의 영적 대립이 존재한다고 말한다(Van Riessen, 1997: 68). 먼저 그리스도인들 내에도 기독교 대학에 대해 찬반양론이 있을 수 있는데 이 양자 간의 대립을 그는 '제2의 대립'이라고 부른다. 여기서 반대하는 동기도 깊이 살펴보면 앞서 말한 대로 무의식적으로 인간의 '자율성'을 신봉하기 때문이라고 그는 진단한다. 또한, 한 그리스도인의 마음에도 하나님을 향하는 마음과 세상을 향하는 마음 간에 대립이 있을 수 있는데 반 리센은 이것을 '제3의 대립'이라고 한다. 이와 함께 그는 그리스도인들이 자칫 빠질 수 있는 이원론적 사고방식에 대해 경고한다. 즉 가정,

국가, 교육, 결혼 등은 일반 영역에, 종교는 신앙 영역에 속한다고 생각하면서 전자의 경우에는 신앙의 여부가 별로 중요하지 않다고 생각하는 오류이다. 하지만 이것은 중세적 접근 방식이며 자연의 자율성을 인정하는 것이 된다. 그 대신 반 리센은 창조에서 하나님의 주권과 선하신 의지를 강조하는 동시에 모든 형태의 인간적 자율성은 배제한다(Van Riessen, 1997: 68-70). 그러면서 기독교 대학의 한 구체적인 예로 반 리센은 1880년 카이퍼가 설립한 암스테르담의 자유 대학교에 관해 설명한다. 먼저 그 배경을 보면 프랑스 혁명 이후 네덜란드의 대학들은 완전히 정부의 통제하에 들어가 재정, 인사 등 모든 면에서 독립성을 상실했지만, 헌법이 개정되면서 새로운 대학교를 설립할 가능성이 열렸다. 그러나 아직 재정적인 부분이 공평하지 못해 처음에는 개혁교회와 개인들의 후원에 의존했는데 나중에 카이퍼가 수상이 되면서 다른 국립대학교들과의 차별을 없애고 모든 면에서 공평하게 지원하는 법안이 1905년에 통과되었다(Van Riessen, 1997: 44).

당시의 시대정신으로는 콩트에 의해 대표되는 인본주의적 실증주의가 대학을 지배하고 있었다. 이 사상에 의하면 고대 사회는 신앙 또는 신화가 중심적 역할을 했다가 형이상학 및 사변의 시대로 발전한 후 근대 사회는 실증적인 사실 및 과학의 힘으로 현실을 통제할 수 있다고 믿는 시대가 되었다는 것이다. 또한, 진화에 대한 믿음이 더해지면서 종교는 하나의 허구로 간주하였고 과학을 통해 인류는 더욱 진보할 수 있다는 확신하게 되었다. 이러한 인본주의는 정치적 자유주의를 낳아 개인은 사회에서 절대적 자유를 가져야 하며 국가는 중립적인 위치에서 모든 사람을 공평하게 대우해야 한다고 주장했다. 이러한 중립적 태도가 대학에도 들어와 모든 학문도 중립적이어야 한다는 생각이 팽배하게 되어 국가가 대학을 통제하면서 대학 및 학문도 같이 자율적이고 중립적이어야 한다고 생각하게 된 것이다. 하지만 반 리센은 이러한 관점 자체가 치우친 생각이며 전혀 중립적이지 않다고 분명하게 비판한다. 즉 이 정치적 자유주의 또한 인간의 절대 자유를 믿는 것도 하나의 종교적 전제이며 따라서 인간 이성의 자율성 및 과학적 진리의 우월성에 대한 신앙이 과학과 대학의 중립성을 가능케 하는 기반이 었다는 것이다(Van Riessen, 1997: 41-42).

당시에 이 사실을 명확하게 통찰하는 사람은 그리 많지 않았다. 그 결과 1876년에 법이 개정되면서 레이든(Leiden) 대학교의 신학부는 종교학부로 바뀌게 되었고 개혁주의적 원칙을 견지하던 빌더다이크(W. Bilderdijk, 1756-1831), 다 코스타(I. da Costa, 1798-1860) 및 흐룬 반 프린스터러(G. Groen van Prinsterer, 1801-1876) 등은 더 이상 교수로 임명되지 않았다(Van Riessen, 1997: 43). 이 사실을 분명히 보았던 카이퍼는 1880년 자유 대학교를 설립하여 학문과 신앙이 통합된 진정한 기독교 대학으로 세속화된 학문의 영역과 대학을 올바로 개혁하려 했다. 그는 모든 학문과 삶의 영역에 하나님의 주권이 실현되어야 함을 강조했다. 그렇게 하기 위해서는 모든 학문 및 삶의 분야가 그리스도의 빛과 성령의 조명을 받아야 함을 강조했다. 자유 대학교 개교 연설에서 그는 이러한 사상을 담은 유명한 영역주권이론을 천명하였고 이것이야말로 진정 자유로운 기독교 대학의 기초가 됨을 강조했다(Kuyper, 1880). 즉, 대학은 결코 교회나 국가의 간섭을 받아서는 안 되며 독립적이고도 자체적인 원리에 의해 학문 활동을 해야 한다는 것이다. 그 결과 자유주의화 된 네덜란드의 개혁교회를 개혁하기 위해 카이퍼가 주도한 애통(Doleantie)이라고 하는 교회의 분열도 불가피했으나(최용준, 2012: 229-254) 그럼에도 레이든 대학이 겪어야 했던 세속화는 막을 수 있었다고 반 리센은 본다(Van Riessen, 1997: 45-46).

그러나 1980년대에 들어와 자유 대학교 또한 변하기 시작했다. 즉 정부의 재정지원을 받아 운영하면서 그 원래적 비전과 이념을 서서히 상실하여 기독교 대학의 정체성이 상당히 수정되었다. 기독교 대학의 사명에 대해 모든 교수가 서명하여야 교수직에 임명되었으나 그러한 조항마저 선택 사항이 되었고 급기야 모슬렘을 포함한 모든 종류의 학생들에게 문호가 개방되고 대형화되면서 공동체성이 점차 상실되었고 심지어 최근에는 이슬람의 이맘까지도 연구원으로 임명되는 등 반 리센이 염려했던 세속화의 길을 걷고 있다. 즉 국가의 지원 및 간섭, 교수진들의 학문과 신앙을 통합하려는 노력 상실 그리고 다양한 배경을 가진 학생들이 들어오면서 자유 대학교는 기독교 대학의 정체성을 이상적으로는 유지하려 하지만 현실적으로는 괴리감을 느끼지 않을 수 없는 상황이 된 것이다. 반 리센도 은퇴 후 이러한 현상을 보았을 것이지만 아쉽게도 이 부분에 대해 그가 남긴 학술적인 저술은 찾아볼 수 없다. 이 부분은 그의 한계라고 지적해야 할 것이다.

한국의 많은 기독교 대학들도 이처럼 세속화되고 있는 경우들이 적지 않다. 그 원인은 여러 가지가 있을 수 있으나 앞에서 언급한 가장 중요한 가치들, 즉 학문과 신앙의 통합 및 기독교 대학의 정체성과 비전을 구체적인 운영 과정에서 지키려고 하는 노력이 여러 가지 현실적 장벽들에 부딪히면서 타협되었기 때문으로 분석된다. 결국, 이러한 문제점들을 해결하기 위해서는 더욱 근본적인 출발점으로 다시 돌아가 철저히 반성하고 학문과 신앙을 통합함으로 새롭게 개혁해 나가는 방법밖에는 없을 것이다.

IV. 결론

본 장은 다음과 같은 문제의식에서 출발하였다. 전 세계에는 많은 기독교 대학들이 세워졌지만 대부분 시간이 지나면서 기독교적 정체성을 상실하고 세속화되었다. 왜 그런가? 기독교 대학이 정체성을 잃지 않기 위해 지켜야 할 가장 중요한 핵심 가치는 무엇인가? 그러면서 이 주제에 관해 깊이 연구했던 네덜란드의 기독교 철학자 반 리센의 학문과 신앙 그리고 기독교

성경적 세계관으로 본 학문과 신앙 및 삶의 통합

대학에 관한 관점을 고찰했다. 그는 카이퍼와 폴렌호븐 그리고 도여베르트의 사상을 이어받은 동시에 좀 더 발전시켰다고 말할 수 있다. 학문과 신앙과의 관계는 도여베르트와 폴렌호븐이 발전시킨 사상에 근거를 두어 학문이 신앙과 무관할 수 없음을 설득력 있게 보여주었으며 나아가 통합되어야 함을 주장하였다.

또한, 기독교 대학에 대한 반 리센의 근본적인 아이디어는 카이퍼의 영역주권론이 그 바탕을 이룬다고 말할 수 있다. 그러면서 인간의 자율성에 기반을 두기 시작하면 그 대학은 결국 세속화될 수밖에 없음을 경고하였다. 나아가 이러한 인본주의적이고 자유주의적 대학에 대항하여 기독교 대학은 존재할 수 있을 뿐만 아니라 계속 발전할 수 있다고 반 리센은 주장한다. 학문과 신앙 그리고 전체적인 삶이 통합된 유기적 공동체로서 진리를 탐구하고 학생들을 훈련해 세상의 빛과 소금이 되는 하나님의 나라에 필요한 인재들을 양성하는 것은 매우 중요한 사명임을 강조한다. 이를 위해서 반 리센은 결국 하나님 앞에서 우리가 받은 소명과 그에 대한 온전한 순종이 가장 중요하다고 본다. 왜냐하면, 기독교 대학의 궁극적인 성패는 각 그리스도인의 중심에 달려 있기 때문이다. 그는 기독교 대학이 세속화되는 것은 학문의 한 분야, 대학의 지위나 조직, 연구 능력, 졸업생들의 숫자나 자질 그리고 대학 내에서의 생활 방식 등 작은 것에서 시작될 수 있다고 본다. 동시에 기독교 대학이 세상과 타협해서도 안 되지만 세상으로부터 완전히 고립되는 것 또한 위험하다. 따라서 반 리센이 지적한 것처럼 기독 학자들은 이러한 두 종류의 유혹에 대해 특히 주의해야 하며 특히 자신이 기독 지성인이라고 생각하면서 엘리트 의식을 가지지 않도록 조심해야 한다고 말한다. 반대로 기독교 대학 내에서 받을 수 있는 어떤 종류의 비판이나 심지어 경멸도 능히 감내할 수 있는 준비가 되어있어야 할 것이다(Van Riessen, 1997: 70-71).

결론적으로 기독 학자는 하나의 '순례자'임을 지적한 반 리센의 통찰에 동의한다. 상황이 아무리 어려워도 기독 학자들은 학문 활동에서 믿음으로 그리스도를 따라가야 한다. 앞서가신 그분을 바라보며 자기를 부인하고 학문의 주인이신 그리스도를 철저히 섬기면서 자기에게 주어진 십자가를 지고 거칠고도 좁은 길을 묵묵히 갈 수 있어야 할 것이다. 이미 임한, 그러나 아직 완성되지 않은 하나님 나라에 대한 종말론적 긴장을 풀지 않고 학문 활동에 진지하게 임할 때 기독교 대학은 성공할 수 있을 것이다.

따라서 반 리센도 강조했듯이 기독교 대학이 성공하기 위해서는 하나님의 말씀에 붙잡힌 바 되는 것이 핵심이다(Van Riessen, 1997: 71-72). 기독교 대학과 학문의 미래는 우리에게 달린 것이 아니라 이 일을 시작하시고 이루시며 완성하실 분인, 만유의 주재가 되시는 주님에게 달려 있다. 그러므로 우리는 그분을 온전히 신뢰하면서 그 말씀 앞에 엎드려야 한다(전도서 12:13). 이러한 반 리센의 사상은 사도 바울이 밝힌 다음과 같은 비전을 구체화한 것으로 보인다. "우리 모두가 하나님의 아들을 믿는 일과 아는 일에 하나가 되고, 온전한 사람이 되어서, 그리스도의 충만하심의 경지에까지 다다르게 됩니다."(에베소서 4:13) 즉 기독 학자들의 신앙과 학문 그리고 삶이 온전히 하나되어 학생들에게 본을 보일 때 그 진정성(authenticity)과 신뢰성(integrity)을 인정받게 될 것이다. 이제 정부의 간섭, 지나치게 많은 대학 간의 경쟁 및 생존을 위한 노력, 대학의 경영을 위한 상업주의적 대형화로 인한 공동체성 상실 및 인본주의적 학문관과의 타협 등으로 점점 더 세속화되는 한국의 많은 기독교 대학들도 다시금 반 리센의 선지자적이며 학자적인 외침에 경청해야 한다. 그리고 지속적이면서도 새로운 개혁을 통해 그 기독교적 정체성을 회복하여 본래 사명을 충실하게 감당해 나가야 할 것이다.

성경적 세계관으로 본 학문과 신앙 및 삶의 통합

제7장

로타 크라이식의
성경적 화해 사상

본 장은 2024년 5월 한국기독학문학회에서 "로타 크라이식의 화해 사상에 관한 고찰"이라는 제목으로 발표한 논문을 수정, 보완한 것이다.

I. 서론

로타 크라이식(Lothar E. P. Kreyssig, 1898-1986)은 바이마르(Weimar)와 나치(Nazi) 시대 독일의 기독 판사였다. 그는 소위 T4 작전(Aktion T4)[1]으로 불린, 나치 독일의 우생학 사상에 따라 행한 장애인 안락사 정책에 대해, 모든 인간은 하나님의 형상으로 존귀하다는 성경적 세계관에 근거하여 이를 반대한 유일한 법관이었다. 2차 세계대전 후, 그는 다시 판사직을 제안받았지만 거절했다. 그 대신 그는 독일이 침략한 국가들, 특히 홀로코스트 희생자들을 위해 화해를 위한 평화봉사단(ASF: Aktion Sühnezeichen Friedensdienste)을 설립하여 진정한 성경적 화해를 시도했다. 이것은 매우 주목할 만한 점으로 특별히 분단되어 남북한이 휴전 중 무력으로 대치하는 한반도 상황에서 시사하는 바가 크다. 따라서 본 장에서는 크라이식의 화해 사상을

---

1 T4 작전(Aktion T4)은 1939년 9월 1일에 시작되어 1941년에 중지되었지만, 안락사 정책 자체는 계속되었다. "T4"는 본부의 소재지인 베를린의 티어가르텐가(Tiergartenstraße) 4번지에서 유래된 것으로 제2차 세계대전 후에 붙여진 명칭이다. 이 작전으로 독일과 오스트리아에서 약 20만 명, 다른 유럽 국가에서는 10만여 명의 장애인이 학살당했다. 1941년 8월 18일, 나치 독일은 공식적으로 이 계획을 중지한다고 발표했으나 그 이후에도 비밀리에 계속되었다.

성경적 세계관으로 본 학문과 신앙 및 삶의 통합

중점적으로 고찰하고자 한다.

로타 크라이식
https://upload.wikimedia.org/
wikipedia/en/1/15/Kreyssig.png

그동안 그의 생애와 사상 및 이 주제에 대한 독일어로 된 논문과 도서는 다수 있으나(Baltes, 2006, Chung, 2017, Jeromin, 2014, Gruchmann, 1984, Kahl, 2008, Kammerer, 2008, Kramer, 1989, Kramer, 1949, Legerer, 2011, Rabe, 1983, Skriver, 1962, Weiß, 1998, Willems, 1995) 국내 연구는 아쉽게도 거의 없다. 하지만 필자는 그의 화해 사상과 구체적 노력은 매우 중요하며 한반도 상황에 주는 함의도 깊다고 보므로 본 장은 먼저 그의 생애를 간략히 살핀 후 그의 화해 사상을 화해를 위한 평화봉사단 중심으로 고찰하고 그가 한국 상황에 던지는 교훈은 무엇인지 평가함으로 결론을 맺겠다.

II. 로타 크라이식의 화해 사상에 관한 고찰

1. 로타 크라이식의 생애

로타 크라이식은 독일 제국 시대(Deutsches Kaiserreich, 1871-1918), 바이마르 공화국(Weimarer Republik, 1918-1933), 나치 독일(NS-Staat, 1933-1945) 및 1945년 이후 동서독 분단시대와 같은 독일 역사의 중요한 시기를 거치며 파란만장한 삶을 살았다. 그는 1898년에 동부 독일의 작센(Sachsen)주 플뢰하(Flöha)에서 곡물 도매상의 아들로 태어났다. 그곳에서 초등학교를 마친 후 그는 켐니츠(Chemnitz)에 있는 김나지움에서 공부했다. 1차 세계대전이 발발하자 그는 1916년에 입대하여 2년간 복무하면서 프랑스, 발트해 연안, 세르비아에서 참전했다. 전쟁이 끝난 후 1919년부터 1922년까지 라이프치히(Leipzig) 대학에서 법학을 공부하여 1923년에 박사 학위를 받았다. 그 후 그는 1926년에 켐니츠 지방 법원에서 일했고 2년 후 그곳에서 판사가 되었다. 그 후 1946년부터 1964년까지 그는 주로 마그데부르크(Magdeburg)에서 다양한 방식으로 일했다.

국가 사회주의자가 권력을 장악하기 전에 크라이식은 나치당인 국가 사회주의 독일 노동자당(NSDAP : Nationalsozialistische Deutsche Arbeiterpartei)에 투표했다. 이 당이 권력을 장악한 후에도 처음에는 그도 체제에 순응하면서 국가 사회주의 인민 복지 기구(Nationalsozialistischen Volkswohlfahrt)에 가입했다. 1934년에 그는 국가 사회주의 독일 변호사 협회(BNSDJ : Bund Nationalsozialistischer Deutscher Juristen)와 독일 공무원 협회(Reichsbund der Deutschen Beamten)의 회원도 되었다(Klee, 2005 : 340). 그러나 1933년에 그는 나치당에 가입하라는 압력을 받았지만, 사법적 독립이 필요하다는 이유로 거부했다. 그 대신 그는 개신교 신자로 1934년에 히틀러에 반대하여 설립된 개신교회인 고백 교회(BK : Bekennenden Kirche)에 가입했고 이때부터 그의 본격적인 활동이 시작되었다. 1935년에 그는 판사로서 작센주 고백 교회의 총회장이 되었고 그해 바르멘 고백 교회 총회(Barmer Bekenntnissynode)에도 참가했다. 하지만 당시 독일의 공식 개신교회는 반유대주의, 인종주의 및 나치즘에 따라 히틀러를 추종하기 위해 1932년부터 1945년까지 존재했던 독일 기독교인들(DC : Deutsche Christen)에 의해 지배되었고 따라서 이 고백 교회에서 그의 교회-정치적 입장은 계속해서 국가 사회주의 정권과 갈등을 일으키게 되었다. 나아가 그는 자기 아들들이 김나지움에서 나치의 사상에 물들지 않도록 중퇴시키고 직접 집에서 가르쳤다.

그러나 그는 판사로 계속 일할 수 있었으며 1937년 그는 브란덴부르크

성경적 세계관으로 본 학문과 신앙 및 삶의 통합

안 데어 하벨(Brandenburg an der Havel)에서 정신 건강 법원 후견 판사(Vormundschaftsrichter)로서 수백 명의 정신 장애 아동과 성인을 책임졌다. 동시에 그는 피조계의 보전(Bewahrung der Schöpfung)에 관심을 가지고 인근의 호헨페르체사르(Hohenferchesar) 마을에서 농가(Bauernhof)를 구매하여 그곳을 '브루더호프(Bruderhof)'라고 부르며 유기농업(biologisch-dynamische Landwirtschaft)을 시작했다. 즉, 농부로서도 그는 생명존중, 창조의 온전함과 보전 그리고 농업생산을 조화시키려 노력했다.

하지만 그곳에서도 그가 고백 교회를 세우자 당국의 조사가 반복되었는데 왜냐하면, 그는 국가 사회주의자들이 "살 가치가 없는 사람(lebensunwertes Leben)"들을 안락사로 살인한 것(die Euthanasiemorde)을 비난한 유일한 판사였기 때문이었다. 그는 모든 인간은 하나님의 형상으로 평등하게 창조되었다는 성경적 세계관에 근거하여 그들의 인권을 변호했다(Weiß, 1998). 하지만 장애로 인한 사망 소식이 들려오자, 그들의 죽음이 안락사 살인과 관련이 있음을 직감한 그는 1940년 7월 8일 자 편지에서 병자들이 집단 학살되고 있다는 의혹을 당시 법무부 장관 프란츠 귀르트너(Franz Gürtner, 1881-1941)에게 제기하면서 나치의 T4 안락사 정책을 비판했다. 나아가 그는 강제 수용소에 있는 수감자들의 권리 박탈에 대해 다음과 같이 확고한 법적 근거에 따라 반대했다(Klee, 2005: 340).

> 옳은 것은 국민에게 좋은 것이다. 하지만 독일의 모든 법의 수호자들이 여전히 이의를 제기하지 않는 이 끔찍한 정책의 이름으로 가령, 강제 수용소와 요양원과 같은 공동체 생활의 모든 영역은 완전히 법에서 면제된다.

안락사 작전이 히틀러 자신에 의해 시작되었고 총통의 책임으로 수행되었다는 말을 들은 그는 제국지도자(Reichsleiter)였던 필립 불러(Philipp

Bouhler)를 살인 혐의로 고소했으며 자신의 환자들이 수용된 기관을 자신의 동의 없이 이전하는 것을 금지했다. 그러자 1940년 11월 13일, 그는 귀르트너 법무부 장관에 의해 소환되었고 장관은 "T4 작전"을 시작하는 유일한 법적 근거가 된 히틀러의 자필 편지를 그에게 보여주었다. 그 편지에서 히틀러는 만 명에 대해 사형 선고를 내렸다. 그러나 크라이식은 "총통의 말이 권리를 생성하지는 않는다(ein Führerwort schafft kein Recht)"라는 유명한 말로 법치주의를 대변하면서 이를 인정하지 못함을 분명히 했다. 계속해서 그는 다음과 같이 말했다.

> "삶의 의미에 대한 물음은 존재의 가장 깊은 물음을 건드린다. 그것은 하나님의 질문으로 직접 연결된다. … '살아갈 가치가 없는 삶의 파괴'는 심각한 양심의 가책이다. 생명은 하나님의 신비다. 그 의미는 개인의 관점에서도, 국가 공동체와의 관계에서도 이해될 수 없다. 하나님께서 우리에게 말씀하시는 것만이 참되고 도움이 된다. 그러므로 제한된 이성으로 삶을 의미 있는 것으로 이해하지 못하거나 더 이상 이해하지 못하기 때문에 삶을 끝내도록 허용하는 것은 인간으로서 엄청난 분개와 오만이다. 그러한 연약한 생명의 존재와 마찬가지로 그 생명을 사랑하고 돌볼 수 있는 사람들이 항상 충분히 있었다는 것은 하나님께서 주신 사실이며 의미와 가치를 묻지 않는다."
> (https://www.nordkirche.de/nachrichten/nachrichten-detail/nachricht/worte-des-gedenkens-gedenkveranstaltung-fuer-die-opfer-der-euthanasie-und-zwangssterilisierung-i)

그러자 귀르트너는 크라이식에게 "총통의 의지를 법으로 인식하지 못하면 판사로 남을 수 없다"라고 말했고, 1940년 12월에 그를 강제로 휴직시켰다(Klee, 2005: 340). 하지만 그를 강제 수용소로 데려가려고 했던 게슈타

성경적 세계관으로 본 학문과 신앙 및 삶의 통합

포(Gestapo: Geheime Staatspolizei, 비밀국가 경찰)의 시도는 실패했으며 2년 후인 1942년 3월, 히틀러는 그를 강제로 퇴직시켰다. 그러자 그는 유기농업과 교회 사역에 더 큰 노력을 기울였다. 특별히 그의 유기농법은 모든 피조물이 그리스도 안에서 하나님과 화해되도록 하는(고후 5:19) 청지기적 사명과 관련이 있다고 말할 수 있다. 나아가 1943년에 크라이식은 유대인 화가 레오 프로츠브닉(Leo Prochownik, 1875-1936)의 미망인이던 게르트루드 프로츠브닉(Gertrude Prochownik, 1884-1982)이 강제 수용소로 이송이 임박하자 자기 집 지하에 은신처를 만들어 전쟁이 끝날 때까지 그녀를 숨겨 주었다(www.juedische-allgemeine.de/unsere-woche/sie-waren-helden-2).

1945년에 국가 사회주의가 끝난 후 크라이식은 반대 투쟁자(Widerstandskämpfer)로 인정받았다. 그러나 전쟁 후 소련의 점령 지역에서 프로이센의 지주로 간주된 그는 재산의 일부를 잃었다. 그러자 소비에트 점령 지역의 법치가 불충분하다고 느낀 그는 판사로서의 경력을 재개하지 않기로 했다. 대신 그는 베를린-브란덴부르크 개신교회 지도자였던 오토 디벨리우스(Otto Dibelius, 1880-1967) 주교의 제안을 받아들여 1945년 마그데부르크에 있는 작센주 개신교회의 총회장(Konsistorialpräsident)이 되었으며 1964년까지 그 직책을 맡았다. 1948년에 그는 암스테르담에서 개최된 세계교회협의회(WCC: World Council of Churches) 창립총회에 작센주 개신교회를 대표하여 참석했으며 교회와 사회(Kirche und Gesellschaft) 부서에서 봉사했다. 나아가 1950년 5월 29일부터 6월 1일까지 포츠담(Potsdam)에서 열린 쿠어마르크 교회의 날(Kurmärkischen Kirchentag) 행사에서 월터 브라운(Walter Braun) 쿠어마르크 총감독이 인도한 개회 예배 후 그는 교회와 사회 부서에서 그리스도인의 책임에 대해 강의했다(Neue Zeit, 1950: 2). 그 후 1952년에 개최된 구프로이센 연합 개신교회 총회는 그를 1970년까지 회장으로 선출했다.

1949년에서 1961년까지 그는 독일 개신교회(EKD: Evangelischen Kirche in Deutschland)의 평의원이었고, 1949년부터 1958년까지는 독일 개신교회의 날(Deutscher Evangelischer Kirchentag)의 동부 부회장이기도 했다. 나아가 그는 미하엘 형제단(Michaelsbruderschaft)이라고 하는 영적 갱신 운동에도 참여했다. 1953년부터 그는 "지속적인 풍요와 기본적인 필요가 올바른 방식으로 결합될 수 있도록" "에큐메니칼 디아코니(Ökumenische Diakonie)"와 정의로운 남북(선진국과 후진국) 관계를 위해 노력했다.

한편 그의 견해는 논쟁의 여지도 있었다. 왜냐하면, 그는 그리스도인의 일치 운동을 지지하면서 유대교인들도 포함하자고 주장했기 때문이었다. 하지만 동시에 그는 군사적 재무장을 반대했고 독일의 분단도 거부하면서 작센주 개신교회의 개신교 아카데미(Evangelische Akademie)와 영적 상담 전화(Telefonseelsorge)와 같은 교회 기관과 프로그램도 시작했다. 나아가 그는 1957년에 기아 퇴치를 위한 공동행동(Aktionsgemeinschaft für die Hungernden)을 설립했으며 이는 비정부기관(NGO)인 세계 연대 행동공동체(ASW: Aktions gemeinschaft Solidarische Welt)와 세계를 위한 빵(Brot für die Welt)의 전신이 되었다.

그러나 그의 가장 중요한 업적은 무엇보다도 역시 화해를 위한 평화봉사단의 설립이었다. 여러 해 동안 그는 화해 사역을 위한 계획을 마음에 품고 동료들과 의논했지만 대부분 그의 생각을 단순한 이상으로 보았다. 1956년에 그는 처음 시도했지만 실패했다. 그러나 그는 포기하지 않고 다시 1958년 4월에 이 단체의 창설을 촉구하면서 젊은 독일인들이 2차 세계대전의 범죄에 대해 속죄하기 위해 자원하여 선행함으로써 과거의 나치 정권 기간 중 특히 홀로코스트 희생자들에게 속죄의 표시를 보여주고 적국과 이스라엘에 용서와 화해 그리고 평화를 요청해야 한다고 주장했다. 결국, 청년들이 이에 호응하게 되었고 첫 번째 프로젝트는 노르웨이, 네덜란드,

성경적 세계관으로 본 학문과 신앙 및 삶의 통합

영국, 프랑스 및 그리스에서 이루어졌다. 하지만 베를린 장벽이 건설되면서 크라이식이 더는 국제 활동을 할 수 없게 되자 그는 동독에서 이 조직을 설립하여 1969년까지 직접 이끌었다.

독일 개신교회 총회 상임위원회와 평의회 회원으로서 그는 동서독의 중재자였으며 교회를 말씀으로, 세상에서 지키려고 노력했다. 그는 영감을 주고, 존경받을 자격이 있으며 맡은 책임을 다한 독일교회의 귀한 인물이었다. 2차 세계대전 이후 소수의 개신교인처럼 그는 초기에 교회와 사회에 에큐메니컬 관점에서 공적 책임을 요구했으며 정의, 평화, 창조세계의 보전에 대한 후기 공의회 과정의 핵심 영역은 그에게 특히 중요했다(www.oekumenezentrum-ekm.de/lothar-kreyssig). 1971년에 그는 서베를린으로 이사했고, 1977년부터는 베르기쉬 글랏바흐(Bergisch Gladbach)의 요양원에 살다가 1986년에 소천했다. 생전에 전 세계 14개 대학에서 명예박사 학위를 수여하겠다고 제안했으나 그는 모두 사양했다(Honert, 2018).

2. 크라이식의 호소: 화해를 위한 평화봉사단

화해를 위한 평화봉사단은 나치 시대 독일 개신교회의 실패와 히틀러 정권에 대한 저항으로 시작되어 2차 세계대전 이후 독일의 화해와 평화를 증진하기 위한 봉사단체로 1958년에 크라이식에 의해 창립이 추진되었다. 크라이식은 고백 교회 내에서 저항하면서 같은 생각을 하던 마틴 니묄러(B. Martin Niemöller, 1892-1984) 목사, 구스타브 하이너만(Gustav Heinemann, 1899-1976), 엘리사벳 슈미츠(Elisabeth Schmitz, 1893-1977) 및 프란츠 폰 함머슈타인(Franz von Hammerstein, 1921-2011)와 함께 전쟁 기간 중 교회의 실패를 언급하고 참회를 촉구했다. 이들은 마침내 실패의 역사, 즉 수 세기 동안 교회에서 실행된 반유대주의를 폭로했다. 하지만 분명한 것은 전쟁 후 독일의 교회와 사회는 그들이 한 일에 대한 반성과 앞으로 어떤 방향으로 나아가야 하는지 진정으로 이해하고자 하는 의지가 거의 없었다는 것이다. 고백 교회 지도자들이 중심이 되어 1945년 10월 19일에 독일 개신교회가 슈투트가르트(Stuttgart) 마르쿠스 교회(Markuskirche)에서 발표한 공식적인 회개문(Das Stuttgarter Schuldbekenntnis)에도 유대인, 집시로 불리던 신티족과 로마족에 대한 대량 학살이나 중부 및 동유럽 인구의 많은 부분에 대한 조직적인 살해에 대한 언급이 없다. 아돌프 프로이든베르그(Adolf Freuden-berg, 1894-1977)처럼 이를 지적한 소수의 목소리는 무시되었다.

나아가 전후 독일교회와 사회는 나치 시대에서 그들의 역할을 현실적으로 평가하는 데 거의 관심을 두지 않았다. 그들은 생존자들에게 다가가 용서를 구하거나 고문, 사랑하는 사람의 잔인한 상실, 이전 이웃의 손에 굴욕을 당하고 탈출한 후의 삶에 관심을 두기조차 꺼렸다. 미하엘 보데만(Michael Bodemann)이 그의 책『*Gedächtnistheater*: *Die jüdische Gemeinschaft und ihre deutsche Erfindung*(기념극장: 유대인 공동체 및 그들의 독일 이해)』에서 설명한 생존자의 꿈은 생존자의 갈망, 정확히는 용서에 대한 요청 등에 대해 알려준다(Bodemann, 2001). 그러나 이러한 관심은 실현되지 않았으며 공감의 기색은 없었다.

크라이식은 1954년 라이프치히에서 열린 교회의 날 행사에서 이러한 상황에 대해 지적했으나 그의 호소는 거의 들리지 않았다. 하지만 마침내 1958년 4월 26일부터 30일까지 독일 개신교회 총회가 서베를린-스판다우(Berlin-Spandau)와 동베를린-바이센제(Weissensee)에서 교대로 열리면서 변화가 찾아왔다. 당시에 이미 동서독 분할이 완료되었지만, 독일 개신교회 총회는 여전히 독일 개신교회 전체를 대표하는 총회였으며, 그 자리에서 서독 개신교회와 동독 개신교회 총회가 함께 토론했다. 이 총회의 마지막 날, 크라이식 총회장은 화해를 위한 평화봉사운동 창설을 위한 호소문을 낭독

성경적 세계관으로 본 학문과 신앙 및 삶의 통합

하면서 전후에 태어난 독일 청년들이 이전에 독일이 침략했던 곳으로 가서 사죄와 평화를 구하면서 실제적인 사역을 통해 화해의 상징이 되자고 주장하였다. 이에 대한 주제 성구는 고린도후서 5장 19-21절이었다.

> 곧 하나님께서 사람들의 죄과를 따지지 않으시고, 화해의 말씀을 우리에게 맡겨 주심으로써, 세상을 그리스도 안에서 자기와 화해하게 하신 것입니다. 그러므로 우리는 그리스도의 사절입니다. 하나님께서는 우리를 시켜서 여러분에게 권고하십니다. 우리는 그리스도를 대리하여 간청합니다. 여러분은 하나님과 화해하십시오. 하나님께서는 죄를 모르시는 분에게 우리 대신으로 죄를 씌우셨습니다. 그것은 우리가 그리스도 안에서 하나님의 의가 되게 하시려는 것입니다(표준새번역).

그의 호소문에서 그는 먼저 독일인들이 제2차 세계대전을 시작했으며 이러한 이유로 인류에게 헤아릴 수 없는 고통을 안겨준 죄를 지었고 하나님의 뜻에 반하는 반역으로 수백만 명의 유대인을 몰살시켰다는 사실을 인정하였고 또한 살아남아 이런 일이 일어나기를 원하지 않았던 사람들도 그것을 막기 위해 충분한 노력을 하지 않았음을 고백했다(Weiß, 1998: 455).

나아가 그는 화해가 너무 적기 때문에 독일인들이 아직 평화를 누리지 못하고 있음을 분명히 지적하면서 그들이 13년 동안 침묵의 시간을 보냈지만, 정치적인 결정을 내릴 필요성과 관계없이, 이제라도 양심적으로 순전히 정말로 용서하고 용서받고 이러한 신념을 실천할 때 여전히 자기 정당화, 비통함, 증오에 맞서 싸울 수 있다고 강조했다(Weiß, 1998: 455).

그 후 그는 다음과 같이 과감하게 제안했다.

> 우리는 우리에게 폭력을 당한 민족들에게 우리가 그들의 땅에서 우리의 손과 돈으로 선한 일을 할 수 있도록 허락해 달라고 요청합니다. 마을, 정착촌, 교회, 병

원 등 화해의 표시로 원하는 무엇이든 짓는 것입니다. 우리가 가장 큰 피해를 준 폴란드, 러시아, 이스라엘부터 시작합시다. 우리는 그렇게 할 준비가 되어있는 모든 신앙과 사회적 지위를 지닌 독일인들에게 다음과 같이 호소합니다. 폴란드, 러시아, 이스라엘로 가서 평화의 표시를 세울 수 있습니다(Weiß, 1998: 455-456).

그러면서 그는 다음과 같은 재정 계획도 제안했다.

능력이 없는 사람은 이 화해 행위에 대해 기부할 수 있습니다. 이를 통해 자재를 조달할 수 있고, 근로자의 생활비를 지급할 수 있으며, 기타 비용이 조달됩니다. 총회 승인 후 계좌번호는 언론, 라디오, 텔레비전에서 공개됩니다. 모든 참가자는 여행비와 생활비에 필요한 보상을 받습니다(Weiß, 1998: 455-456).

나아가 그는 이 봉사가 독일연방공화국과 독일민주공화국의 독일인들을 통합하는 데 도움이 될 것이라고 확신했다. 마지막으로 그는 관련 정부에 대해 다음과 같이 호소하며 마무리했다.

우리는 폴란드, 러시아, 이스라엘 정부에 이 봉사를 큰 도움이나 보상이 아니라 용서와 평화를 위한 요청으로 받아들이고 이 봉사가 열매를 맺도록 도와주길 요청합니다. 우리는 독일 민주 공화국과 독일연방공화국 정부에 이 조치를 허용하고 지원해 달라고 요청합니다(Weiß, 1998: 455-456).

그러자 적지 않은 회원들이 이 호소문에 지지 서명을 했다. 하지만 여전히 회개하지 않고 자신을 정당화하며 큰 증오를 나타내면서 그의 제안을 유토피아적이고 비현실적인 생각이라고 비판하는 이들도 있었다. 그런데도

　　　　　성경적 세계관으로 본 학문과 신앙 및 삶의 통합

크라이식은 함께 죄를 인정하면서 구체적인 결과를 요구했다. 그의 겸비한 태도는 속죄의 개념을 온정주의적으로 해석하는 것을 거부했으며 그는 참여하고 행동하며 대화를 통해 배우려는 의지를 나타냈다. 그는 행동과 진실을 추구했는데 이는 당시 많은 사람에게 너무 타인 지향적 자세로 보였다. 하지만 사람들은 이 제안에서 새로운 정치적 폭발력과 영적 통찰력을 감지했고 한때 파괴된 것을 수집, 회복, 유지하는 데 전념했다. 크라이식은 이 단체를 범독일 조직으로 설립하고자 했으나 독일의 분단으로 공동 작업은 불가능했다. 동서독에서 두 조직은 공동 목표를 가지고 발전해 나갔지만, 실제 사역에서는 서로 다른 초점을 가지고 있었다.

여기서 알 수 있는 것은 1956년에 그가 이 처음 제안을 했을 때는 지지자들이 별로 없어 낙심할 수도 있었으나 절대 포기하지 않고 1958년에 다시 제안하여 적지 않은 동조자들을 얻었고 마침내 1959년부터 구체적으로 시작할 수 있었다는 사실이다. 그의 제안은 얼핏 이상적으로 들릴 수도 있었지만, 그는 현실적인 대안을 제시하였고 전후 세대에게 호소하였고 그들이 자원하면서 이 사역은 시작될 수 있었고 놀라운 열매를 맺게 되었다.

또한, 그의 화해 사역은 당시 동독에서 개신교와 가톨릭 기독교인들이 함께하는 연합 운동이었다. 이것은 당시에 매우 이례적인 일이었다. 당시 크라이식이 마그데부르크에서 가톨릭 공동 의장인 귄터 제르헨(Günter Särchen: 1927-2004)과 함께 일했을 때 많은 비판을 받았다. 하지만 그는 독일인이 그들이 침공한 나라의 국민과 화해하는 것도 중요하지만 이 사역을 하면서 개신교도와 천주교도가 협력하면서 화해하는 것도 매우 중요하다고 확신했기 때문이다. 이 점 또한 한국사회에 주는 함의가 크다고 할 수 있다. 즉 국내에서도 선한 사역을 위해 개신교회와 천주교회가 더 협력할 필요가 있다고 필자는 생각한다.

3. 화해를 위한 평화봉사단 사역

1) 서독

서독의 화해를 위한 평화봉사단 사역은 1959년 네덜란드 로테르담과 노르웨이에서 사회적 아카데미(Sozialakademie)와 교회 및 장애인 시설 건설 프로젝트의 형태로 시작되었다. 처음에는 여러 어려움이 있었으나 점진적으로 성과를 내었으며 이를 위해 크라이식은 여러 개인과 단체에 후원을 요청했는데 마지막 순간에 기적처럼 예산을 채울 수 있었다(Weiß, 1998: 355). 다른 프로젝트는 곧 다른 국가에서도 시작되었고 자원봉사자들이 도왔다. 프랑스의 빌뢰르반느(Villeurbanne)에 유대인 회당 건설, 프랑스 떼제(Taizé) 공동체에 화해 교회(Église de la Réconciliation) 건축, 유고슬라비아(Yugoslavia) 스코페(Skopje)에 유치원 건립, 그리스의 크레테(Crete)에는 관개 시스템 설치, 2차 대전 중에 파괴된 영국의 코번트리(Coventry) 대성당에 국제적인 만남의 장소(internationalen Begegnungsstätte)의 재건 등이었다. 그 후 이스라엘에서의 사역은 1961년 키부츠 프로젝트로, 아돌프 아이히만(Otto Adolf Eichmann, 1906-1962)[2]에 대한 재판이 끝난 후 시작되었다(asf-ev.de/ueber-uns/leitsaetze-und-geschichte).

1960년대 중반부터 자원봉사자들이 일하는 지역은 서서히 변해갔다. 건설 프로젝트는 점점 줄어들었고 기타 기념관, 노인 및 사회사업 프로젝트로 대체되었다. 1980년대에는 구조적 차별, 인권 및 이웃 지원 분야에서 추가

---

2 아이히만은 독일인이자 오스트리아인으로, 나치 독일의 상급돌격대 지도자로서 "유대인 문제에 대한 최종 해결책", 즉 홀로코스트 실행을 위해 제2차 세계대전 당시 수백만 명의 유대인들을 동유럽의 강제노동수용소로 추방하는 것을 추진하고 관리하는 임무를 맡았다. 그는 1960년 5월 11일 아르헨티나에서 모사드 요원들에게 체포되어 예루살렘에서 열린 재판에서 전쟁 범죄 혐의에 유죄 판결을 받아 1962년 6월에 교수형에 처했다.

프로젝트 추진을 위한 사무실이 설립되었다. 1985년 9월 뒤셀도르프에서 열린 제21차 독일 개신교회 총회에서 화해를 위한 평화봉사단은 군사적 억제 가능성에 반대하는 뒤셀도르프 평화 논제 5개를 발표했다.

2) 동독

이와 반면에 동독의 화해를 위한 행동(ASZ: Aktion Sühnezeichen)은 동서독 간의 장벽 건설로 1961년 이후 더는 서유럽 프로젝트에 자원봉사자를 보낼 수 없었다. 따라서 화해를 위한 행동 프로젝트는 처음에 동독의 영토와 교회 내부 지역으로 제한되었다. 1962년에 이 사역은 여러 나라에서 온 사람들이 2~3주 동안 함께 생활하고 일하는 여름 캠프를 설립하여 발전시키면서 시작되었다. 하지만 이 초라하고 고단한 시작이 미래 사역의 밑거름이 되었고 동독의 화해 작업을 위한 구조와 개념은 이러한 기반 위에 구축될 수 있다. 그러나 1965년과 1966년에 자원봉사자 그룹은 마그데부르크에 있는 가톨릭 사목 사무소와도 협력하여 나치 강제노동수용소가 있던 아우슈비츠, 마이다네크(Majdanek), 슈투트호프(Stutthof) 및 그로스-로젠(Groß-Rosen) 등으로 여행할 수 있었다. 1967년과 1968년에 폴란드와 체코슬로바키아의 추모 유적지에 대한 추가 여행은 초청에도 불구하고 정부의 비자 거부로 실패했다. 1969년에 크라이식은 대표직을 내려놓았고 그 후, 1972년에 동독, 폴란드 및 소련 간에 비자 면제 협정이 도입된 후에야 동독 청소년들이 폴란드의 여름 캠프에 참여할 수 있었고 폴란드와 체코슬로바키아에서 자원봉사자가 되었다. 1979년에 한 그룹이 처음으로 나치 강제노동수용소가 있던 부헨발트(Buchenwald)에서 일했다. 이런 식으로 여름 캠프 일부가 교회 밖에서 이루어졌으며 1981년부터는 이 여름 캠프 수가 확장되었다. 가령 부헨발트외에 다른 나치 강제노동수용소가 있던 작센하우젠(Sachsenhausen), 라벤스브뤽(Ravensbrück) 및 미틀바우-도라(Mittelbau-

Dora) 등지이다. 이때부터 본 단체는 동독 거의 모든 지역에서 유대인 묘지의 유지 및 복원에 참여했다.

3) 통일 이후

독일 통일 이후에 두 조직은 통합되었다. 서독의 장기 자원봉사와 동독의 단기 자원봉사 및 여름 캠프의 두 가지 다른 형태의 자원봉사는 유지되었다. 1990년대 후반부터 봉사단은 변화하는 수요와 유럽 자원봉사와 같은 새로운 기회에 대응하기 위해 프로젝트를 늘려왔으며 유럽, 이스라엘, 미국에서 자원봉사 및 평화를 위해 노력하면서 국가 사회주의의 범죄와 그 결과를 다루기 위해 현재까지 구체적 행동을 취하고 있다.

이를 위해 본 단체의 자원봉사자는 나치 강제 수용소 생존자를 지원하며 정신 질환자, 노숙자, 난민 또는 장애인을 돕는다. 또한, 이 봉사단은 수백만 명에 대한 살인이 어떻게 일어날 수 있었는지, 사랑하는 아버지가 어떻게 이런 냉혈 살인자가 되었는지, 왜 소수의 사람만이 유대인의 말살을 막았는지, 이 모든 것이 우리와 어떤 관련이 있는지 그리고 나치의 역사는 그 이후에 태어난 사람들과 현대 사회에 어떤 영향을 미쳤는지 젊은이들이 스스로 답을 찾도록 격려하며 이것은 종종 화해, 수용 및 정의에 대한 헌신으로 이어진다. 나아가 본 단체는 국경을 초월한 만남을 통해 화해를 위한 행동을 취한다. 그리고 본 봉사단은 기억이 현재를 형성한다고 보면서 사람들이 자신의 집단적 기억과 그들이 가졌던 영향을 인식하고 토론을 통한 상호이해를 장려하려고 노력한다. 또한, 이 봉사단은 화해를 개인 간의 갈등뿐만 아니라 역사적 죄책감도 포함한다고 본다. 이것은 나치 치하에서 고통받던 사람들과 만남을 통해 분명해진다. 홀로코스트의 생존자가 이 화해 운동의 자원봉사자를 만나는 것은 2차 세계대전 이후 독일인과의 첫 만남이다. 과거의 상처로 인한 고통은 화해의 필요성을 느끼게 하며 화해의 과정은 역사적

성경적 세계관으로 본 학문과 신앙 및 삶의 통합

죄의 인식과 구체적이고 실제적인 행동을 통해 시작될 수 있기 때문이다.

화해에는 신학적으로 중요한 속죄 개념도 포함된다. 즉, 속죄는 파괴된 삶을 치유하는 것이지 피해를 배상하는 것이 아니다. 폭력과 불의의 피해자가 받은 고통은 보상받을 수 없으나 속죄는 더 나은 미래를 향한 첫걸음이 될 수 있다. 마지막으로 이 봉사단은 지속적이고 포괄적인 평화를 향한 긴 여정은 개인과 사회의 변화에 달려 있다고 믿는다. 화해란 전쟁이 없는 평화 그 이상이며 개인이 타인과 자신을 새롭게 보는 법을 배울 때 가능해진다. 평화를 만든다는 것은 모든 사람이 평등한 권리를 보장받는 세상을 지지하는 것이다. 이 세계는 아직 많은 갈등이 있으나 이 갈등을 평화롭게 처리하는 방법은 다른 의견이 존재하도록 허용하고 모순을 다루는 법을 배워야 하며 인권의 불가침성에 대한 이해가 필요하다. 따라서 본 평화봉사단은 가치, 의견, 특성, 세계관 및 생활방식의 다양성을 허용하는 사회적 분위기에 이바지하고자 하며 자원봉사자들은 지속하여 이를 학습하면서 적용하려고 노력한다(www.asf-ev.de/ueber-uns/organisation/verein/kuratorium/ziele-und-leitsaetze/ziele).

화해를 위한 평화봉사단의 현재 업무는 먼저 장기 자원봉사로 현재 벨라루스, 벨기에, 프랑스, 그리스, 영국, 이스라엘, 네덜란드, 노르웨이, 폴란드, 러시아, 체코, 우크라이나 및 미국과 같은 나치 통치로 특히 심하게 고통받는 국가에 매년 약 180명의 자원봉사자를 파견하고 있다. 이 자원봉사자들은 대부분 18세에서 27세 사이의 젊은 사람들이다. 이들은 홀로코스트의 생존자와 그 후손을 지원 및 동반하고, 추모 장소에서 일하며, 노인, 장애인, 사회적 약자와 난민을 돌보고, 지구 프로젝트 및 반인종차별 이니셔티브에 참여하고 있다.

1980년대 협력단체가 독일에 자원봉사를 독려한 이후 1996년부터 미국, 이스라엘, 유럽 여러 나라에서 15-20명의 자원봉사자가 봉사를 위해 독일에 왔으며 매년 약 300명이 독일 및 해외에서 약 25개의 여름 캠프에 참여하여 함께 거주하고 일한다. 이들은 종종 평화봉사에서 자신의 경험을 전하기를 원하는 이전 장기 자원봉사자다. 2-3주 동안 자원봉사자들은 가령 유대인 묘지와 기념관, 사회 기관에서 일하고 문화 간 프로젝트에 참여한다. 또한, 현재 및 역사적 문제에 대한 의견을 교환한다.

젊고 오래된 자원봉사자들이 자원봉사 후에도 지역 그룹 및 친구 모임에서 계속 일하고 있다. 다른 자원봉사자는 장단기 자원봉사를 수행하기 위해 고용되며 그중 일부는 홍보 및 교육 업무에도 이바지한다. 홍보를 위해 자원봉사자와 프로젝트 파트너의 최신 작업을 보고하고 특정 주제에 전념하는 정기 잡지 「*zeichen*」을 일 년에 세 번 발행한다(asf-ev.de/vero effentlichungen/?filter=zeichen). 또한, 현재의 정치적 문제에 관해서도 이야기하는데 가령, 반유대주의, 우익 극단주의, 인종차별주의에 반대하는 공개적인 태도를 보이며, 국가 사회주의자들에 의해 박해받는 사람들에 대한 보상, 종교 간 및 문화 간 대화, 정의로운 평화를 위해 노력하고 있다. 또 다른 초점은 총회에서 결정되는 연례 주제를 결정하는 것인데 2022년과 2023년의 격년제 주제는 "반셈족주의, 반유대주의, 반이스라엘주의(Anti-semitismus, Antijudaismus, Antiisraelismus)"였다.

교육 사역으로 이 봉사단은 기억 정치와 종교 간 대화를 주제로 한 이벤트, 워크숍, 세미나 및 회의를 통해 사회적 토론을 자극하고자 노력하며 나아가 후원자 또는 협력 파트너로서 다음과 같은 회의에도 크게 이바지한다. 즉, 국제 청소년 회의 센터(IJBS: Internationale Jugendbegegnungsstätte), 예루살렘에 있는 평화의 집인 베이트 벤 예후다(Beit Ben Yehuda) 그리고 파리 국제회의장 포와이에 르 뽕(Foyer Le Pont)이다.

성경적 세계관으로 본 학문과 신앙 및 삶의 통합

4. 크라이식의 유산

오늘날까지 크라이식은 나치의 T4 프로그램에 따라 자행된 조직적 살인을 저지하려고 시도한 유일한 판사로 알려져 있다. 그 결과 플뢰하, 브란덴부르크 안 데어 하벨, 마그데부르크, 칼스루어(Karlsruhe) 및 베르기쉬 글랏바흐에는 각각 그의 이름을 딴 거리가 있다. 플뢰하에는 그의 이름을 딴 학교도 있으며 레닌(Lehnin)에는 그의 이름을 딴 요양원도 있다. 나아가 동서독 통일의 도화선이 된 1989년 평화혁명에 참여하여 정치 활동을 시작한 많은 사람도 사실 그의 화해 운동에 큰 영향을 받았다고 바이스는 지적한다(Weiß, 1998).

그의 100세 생일을 기념하여 1998년, 브란덴부르크 안 데어 하벨(Brandenburg an der Havel)에 있는 상급 지방 법원(Oberlandesgericht)에는 기념 명판이 공개되었다. 지금 브란덴부르크의 일반 변호사회(Generalstaatsanwaltschaft)가 있는 이전 하급 법원 대지에는 2개의 기념비가 있고 그 내부에는 크라이식을 '화해의 선지자(Prophet der Versöhnung)'라고 부르며 그의 전기를 출판한 콘라드 바이스(Konrad Weiß)의 비문이 새겨진 명판도 있다. 브란덴부르크 법률가협회는 2008년 5월 50일에 그가 화해를 위한 평화봉사단을 창립한 지 50주년이 되는 날을 기념하기 위해 이 명판을 기증했다. 2006년 10월 22일 연방 법무부는 그의 사망 20주년을 기념하여 브리기트 지프리스(Brigitte Zypries) 법무부 장관이 후원하는 추모식을 개최했다. 2008년 7월 5일에는, 1937년부터 1972년까지 그가 거주했던 호헨페르체사르(Hohenferchesar)에서 기념비가 공개되었다.

로타 및 요한나 크라이식(Lothar & Johanna Kreyssig)은 나치에 의해 학살된 600만 명의 유대인을 추모하고 홀로코스트 기간에 아무런 금전적, 종교적 목적 없이 위험을 무릅쓰고 유대인을 구해주었던 사람들을 기억하기 위해 1953년 설립한 이스라엘의 공식 추모 기념관인 야드 바쉠(Yad Vashem)에 의해 의인으로 인정되었다.

2009년에 한스-요아힘 되링(Hans-Joachim Döring)은 마그데부르크에 중부 독일 개신교회(EKM: Evangelischen Kirche in Mitteldeutschland)의 로타 크라이식 에큐메니컬 센터(LKÖZ: Lothar Kreyssig Ökumenezentrum)를 설립했다(Döring, 2011). 이 단체는 지금까지 다양한 활동을 하고 있는데 가령, 지역 교회, 교구와 총회를 위한 서비스 및 자문을 제공하며 현대 사회 윤리 문제를 다루기 위해 중부 독일 개신교회의 지역 교회, 기관 및 사역과 함께, 정치 및 사회 영역과 협력하고 에큐메니컬 파트너와도 대화를 촉진한다. 이 센터의 핵심 주제는 평화, 정의, 이주, 에큐메니컬 동반관계, 환경 및 발전이다(www.oekumenezentrum-ekm.de). 나아가 이곳에서는 로타 크라이식 평화상을 제정하여 1999년부터 2년마다 수여하고 있다.

2018년 5월 27일, 베를린의 프랑스 프리드리히슈타트 교회(Französischen Friedrichstadt kirche)에서 본 봉사단의 60주년 기념식이 거행되었다. 여기서 슈타인마이어(Frank-Walter Steinmeier) 독일 대통령은 이렇게 축사의 결론을 맺었다.

> 자신의 이야기에 대한 책임을 받아들이는 것은 길고 때로는 힘든 과정이었습니다. 강요된 재교육이나 굴욕이 아니라, 느리지만 지속적인 자기인식과 궁극적인 자기 해방이었습니다. 우리 독일인에게는 아직 대안이 없습니다. 나는 몇 가지 새로운 역사적 수정주의적 책략을 염두에 두고 이렇게 말합니다. 전쟁과 집단학살의 죄를 다시 하찮게 여기는 자들은 스스로 부끄러움을 자초하는 것입니다. 우리는 역사적 계몽과 정치적 책임이 우리 민주주의의 핵심임을 알아야 합니다. … 이 길은 독일을 유럽 국가로 되돌렸을 뿐만 아니라 독일연방공화국이 오늘날의 국가, 즉 유럽에서 존경받고 신뢰할 수 있는 이웃 국가가 되기 위한 전제 조건이

성경적 세계관으로 본 학문과 신앙 및 삶의 통합

기도 했습니다. 우리나라는 이러한 자기인식에 따라 로타 크라이식과 그의 부름과 모범을 따랐던 많은 화해봉사단 자원봉사자들에게 큰 빚을 지고 있습니다. (www.bundesregierung.de/breg-de/service/bulletin/rede-von-bundespraesident-dr-frank-walter-steinmeier-1147280)

III. 결론

지금까지 로타 크라이식의 화해 사상과 그의 구체적인 실천에 대해 고찰해 보았다. 먼저 그의 생애에 대해 간략히 살펴본 후 그가 행한 구체적인 노력인 화해를 위한 평화봉사단에 관해 살펴보았다. 무엇보다 먼저 그는 성경적 세계관에 근거하여 모든 인간은 하나님의 형상으로 창조되었으므로 장애나 질병 여부에 상관없이 존중받아야 함을 분명히 했다. 이런 점에서 그는 T4 프로젝트에 대해 유일하게 반대한, 진정한 용기를 가진 기독 판사였다.

둘째로 그는 2차 대전 이후 독일이 침략했던 국가들에 대해 매우 구체적인 화해 운동을 전개했다. 이것 또한 기독교적 세계관을 실천한 본보기가 된다. 그는 비록 나치를 반대하는 고백 교회 소속이었지만 독일 개신교회 총회장으로서 하나님 앞에서 진정한 책임의식을 가지고 당시 독일 그리스도인의 사회적 책임이 무엇인지 분명히 알았으며 그것을 호소함으로 많은 전후 독일 젊은이들의 호응을 얻어내었고 실제로 이들은 화해의 상징이 되어 많은 홀로코스트 피해자들과 희생자들에게 진정성 있는 평화의 봉사를 실천했다. 처음에 그의 호소는 비현실적인 이상으로만 들렸으나 결국 이러한 화해 운동은 지속해서 전개되었고 로마 가톨릭교회와도 협력하였으며 지금도 수많은 독일 청년들이 헌신하여 봉사하고 있고 그 결과 독일은 주변 국들로부터 다시 인정을 받는 동시에 마침내 재통일되는 축복도 받게 된 것이다. 이런 점에서 크라이식의 신앙은 분명히 행함이 있는, 살아있는 믿음이었으며 따라서 본회퍼(D. Bonhoeffer) 못지않게 우리가 반드시 기억해야할 '화해의 사도'로 매우 중요한 기독교 사상가로 그의 신앙과 학문을 삶으로 통합한 실천적 지도자라고 말할 수 있다.

이 점은 한반도에 많은 시사점을 안겨준다. 한국동란 후 70여 년간 분단되어 서로 화해하지 못하고 적대시하는 남북한에도 이처럼 화해를 위한 평화봉사 운동이 일어나고 장애인들이 더욱 인간적인 대우를 받아야 할 것이다. 이러한 화해 사상을 구체적으로 실천하기 위해 한국의 그리스도인들과 교회가 앞장서고 북한에서도 호응한다면 남북의 군사적 긴장도 완화되며 마침내 한반도도 통일될 뿐만 아니라 전 세계에 화해와 평화의 정신을 구체적으로 보여주는 또 하나의 모범적인 사례가 될 수 있을 것이다. 그러므로 한국의 기독 지성인들은 크라이식의 화해 사상을 더 깊이 연구하고 적용하려는 노력을 지속해야 할 것이다.

성경적 세계관으로 본 학문과 신앙 및 삶의 통합

김흡영 (2006).『현대 과학과 그리스도교』. 서울: 대한기독교서회.

성희찬 (2001). "흐룬 판 프린스터러(Groen van Prinsterer)의 생애와 사상",「개혁정론」. 2014.

　　　reformedjr.com/board05_04/3042

전광식 (1998). "신앙과 학문의 통합",『학문의 숲길을 걷는 기쁨』. CUP, 173-203.

정성구 (1977). "칼빈주의 운동과 Groen van Prinsterer",「신학지남」. 44(1), 61-70.

조성국 (2009). "흐룬 판 프린스터러의 기독교 교육사상",「복음과 교육」. 5, 9-31.

조현철 (2009). "자연과학과 종교의 바람직한 관계",「신학과 철학」. 제15호.

　　　hompi.sogang.ac.kr/theoinst/ journal/journal_15/15-6.pdf.

최용준 (2005). "헤르만 도여베르트: 변혁적 철학으로서의 기독교 철학의 성격을 확립한 철학자", 손봉호 외.『하나님을 사랑한 철학자 9인』. 서울: IVP, 37-66.

_____. (2008). "디르크 볼렌호븐의 생애와 사상",「기독교 철학」. Nr. 6. 105-131.

_____. (2012). "아브라함 카이퍼의 교회관",「신앙과 학문」. 17/2, 229-254.

_____. (2013). "학문, 신앙 그리고 기독교 대학: 헨드릭 반 리센의 사상을 중심으로",「한국개혁신학」. 제39권, 187-220.

_____. (2014). "과학과 신학의 관계: 네 가지 유형 및 도예베르트의 대안적 고찰",「신앙과 학문」. 제19권 3호, 185-212.

_____. (2015). "학문과 신앙: 그 관계성에 관한 고찰",「행복한 부자연구」. 2015년 6월, 제4권 제1호(통권 제7호), 57-83.

_____. (2019). "완성에 대한 기독교 세계관적 고찰: 요한계시록 21장 1-4절을 중심으로",「신앙과 학문」. 24(4), 185-206.

최용준 (2020). 『도전하는 현대의 세계관』. 서울: 예영커뮤니케이션.

_____. (2023). "흐룬 판 프린스터러의 기독교 세계관에 관한 고찰", 『신앙과 학문』. 2023년 10월, 제28권 제3호(통권 96호), 123-143.

_____. (2024). 『도전하는 현대의 세계관 2』. 서울: 예영커뮤니케이션.

Barbour, I. G. (1968). "Science and Religion Today". In Barbour, I. G. (ed.) *Science and Religion: New Perspectives on the Dialogue* (1st ed.). Harper & Row,

_____. (2000). *When Science Meets Religion: Enemies, Strangers, or Partners?*. 이철우 역, (2002). 『학문이 종교를 만날 때』. 서울: 김영사.

Bavinck, H. (1897). *Rapport van prof. dr. H. Bavinck over het rapport van deputatn voor de opleiding, voor zoovell handelend over het verband der kerken tot de Vrije Universiteit*, in Acta der generale synode van de Gereformeerde Kerken in Dederland, gehouden te Middelburg, van 11 aug. to sept. 1896 Leiden: D. Donner.

Baltes, C. (2006). *Der Umgang mit dem Sühnebegriff in der frühen Bundesrepublik am Beispiel der Reaktion der Evangelischen Kirche auf die Aktion Sühnezeichen (1958–1964)*. Norderstedt: Grin Verlag.

Blokhuis, P. e.a. (red.). (1981). *Wetenschap, Wijsheid, Filosoferen. Opstellen aangeboden aan Hendrik van Riessen bij zijn afscheid als hoogleraar in de wijsbegeerte aan de Vrije Universiteit te Amsterdam*. Assen: Van Gorcum.

Bodemann, M. (2001). *Gedächtnistheater: Die jüdische Gemeinschaft und ihre deutsche Erfindung*. Berlin: Bebug.

Bodin, J. (1577) *Les Six Livres de la République*. Paris: J. Du Puys.

Bos. E. e.a. (1989). *Mensenrechten Wereldwijd: Een gereformeerde politieke visie*. Groen van Prinsterer-reeks 61. Barneveld: De Vuurbaak.

Bowler, P. J. (2001). *Reconciling science and religion: the debate in early twentieth-century Britain*. Chicago.

Brooke, J. H. (1991). *Science and Religion: Some Historical Perspectives*. Cambridge University Press.

Chaplin, J. (2011). *Herman Dooyeweerd: Christian Philosopher of State and Civil Society*. Notre Dame: University of Notre Dame Press.

Chardin, T. d. (1959). *The Phenomenon of Man*. Harper Torchbooks,

Choi, Y. J. (2006). *Dialogue and Antithesis: A Philosophical Study on the Significance of Herman Dooyeweerd's Transcendental Critique*. Hermit Kingdom Press.

Cohen, F. (1994). *The Scientific Revolution: A Historiographical Inquiry*. Univ. of Chicago Press.

Chung, C. M. (2017). *Repentance for the Holocaust. Lessons from Jewish Thought for Confronting the German Past*. New York: Cornell University Press.

Clouser, R. A. (2005). *The Myth of Religious Neutrality: An Essay on the Hidden Role of Religious Belief in Theories*. 홍병룡 역, (2019). 『종교적 중립성의 신화』. 서울: 아바서원.

Collins, F. (2007). T*he Language of God*. Simon and Schuste.

Davies. P. (1984). *God and the New Physics*. Simon & Schuster.

Diepenhorst, P.A. (1932). *Groen van Prinsterer*. Kampen: J.H. Kok.

Dooyeweerd, H. (1935-1936). *De Wijsbegeerte der Wetsidee*. I-III. Amsterdam: H.J. Paris.

_____. (1949). *Reformatie en Scholastiek in de Wijsbegeerte*. Franeker: T. Wever.

_____. (1953-1958). *A New Critique of Theoretical Thought*. I-IV, Philadelphia: The Presbyterian and Reformed Publishing Company.

_____. (1980). *In the Twilight of Western Thought: Studies in the Pretended Autonomy of Philosophical Thought*. Nutley, NJ: The Craig Press.

Döring, H. J. (2011). *Lothar Kreyssig. Aufsätze, Autobiografie und Dokumente*. Leipzig: Evangelische Verlagsanstalt.

Draper, J. W. (1874). *History of the Conflict between Religion and Science*. D. Appleton.

Ellis, G. (2004). *Science in Faith and Hope: an interaction*. Quaker Books.

Gould, S. J. (1999). *Rocks of Ages: Science and Religion in the fullness of life*. Ballantine Books.

Gruchmann, L. (1984). "Ein unbequemer Amtsrichter im Dritten Reich – Aus de Personalakten des Dr. Lothar Kreyßig" in Vierteljahrshefte für Zeitgeschichte, Heft

3; ifz-muenchen.de

Habgood, J. (1964). *Religion and Science*. Mills & Brown

Harris, R. A. (2004) *The Integration of Faith and Learning: A Worldview Approach*. Eugene, OR: Cascade. 최용준 역, (2013)『신앙과 학문의 통합 : 세계관 적 접근』. 서울: 예영커뮤니케이션.

Harris, R. A. (2014) *Faithful mind, thoughtful faith : integrating faith and learning*. Tustin, CA: VirtualSalt.

Harrison, P. (1998). *The Bible, Protestantism, and the Rise of Natural Science*. Cambridge University Press.

_____. (2007). *The Fall of Man and the Foundations of Science*. Cambridge University Press.

Haught, J. (1995). *Science and Religion: from Conflict to Conversation*. Paulist Press 구자현 역, (2003).『과학과 종교, 상생의 길을 가다』. 서울: 들녘.

Hirsch Ballin, E.M.H. e.a. (1991). *Christelijke Politiek in een geseculariseerd Nederland*. Groen van Prinsterer-reeks 65. Barneveld: De Vuurbaak.

Hobbes, T. (1651). *Leviathan, or The Matter, Form and Power of a Commonwealth Ecclesiastical and Civil*. London.

Honert, M. (2018). "60 Jahre Aktion Sühnezeichen: Der Wiedergeborene: Lothar Kreyssigs erstaunliche Wandlung" *Tagesspiegel*. www.tagesspiegel.de/gesellschaft/der- wiedergeborene-lothar-kreyssigs-erstaunliche-wandlung-3917227.html

Hooykaas, R. *Religion and the Rise of Modern Science*. 손봉호, 김영식 공역,『근대 과학의 출현과 종교』. 서울: 정음사.

Jacob, J. R. (1980). "The Anglican Origins of Modern Science", *Isis*, Volume 71, Issue 2.

Jeromin, U. (2014). *Sommerlager-Geschichten. Erinnerungen mehrerer Generationen an die erlebnisreiche Zeit mit Aktion Sühnezeichen*. Leipzig: sensus-Verlag.

Kahl, W. (2008). "Lothar Kreyssig-Amtsrichter im Widerstand und Prophet der Versöhnung" in *Deutsche Richterzeitung*. 299-302.

성경적 세계관으로 본 학문과 신앙 및 삶의 통합

Kalsbeek, L. (1975). *Contours of a Christian Philosophy: An Introduction to Herman Dooyeweerd's thought.* Zylstra, B & J. eds. Toronto: Wedge Publishing Foundation. (1970). *De Wijsbegeerte der Wetsidee: Proeve van een christelijke filosofie.* Amsterdam: Buijten & Schipperheijn. 황영철 역, (1981). 『기독교인의 세계관: 기독교 철학 개론』. 서울: 평화사.

Kammerer, G. (2008). *Aktion Sühnezeichen Friedensdienste. Aber man kann es einfach tun*, Göttingen: Lamuv Verlag.

Kamphuis, J. (1962). *De hedendaagse kritiek op de causaliteit bij Groen van Prinsterer als historicus.* Goes: Oosterbaan en Le Cointre.

Klaaren, E. M. (1977). *Religious Origins of Modern Science: Belief in Creation in Seventeenth-Century Thought.* Grand Rapids: Eerdmans.

Klee, E. (2005). *Das Personenlexikon zum Dritten Reich. Wer war was vor und nach 1945.* 2. aktualisierte Auflage. Frankfurt am Main: Fischer Taschenbuch Verlag.

Kramer, H. (1989). "Lothar Kreyssig (1898 bis 1986), Richter und Christ im Widerstand", in Redaktion Kritische Justiz (Hrsg.): *Streitbare Juristen.* Baden-Baden: Nomos.

Kramer, M. (1949). "Kreyssig, Lothar Ernst Paul" in Guido Heinrich, Gunter Schandera (Hrsg.), *Magdeburger Biographisches Lexikon 19. und 20. Jahrhundert.* Biographisches Lexikon für die Landeshauptstadt.

Kreyssig, L. (1949). *Gerechtigkeit für David. Gottes Gericht und Gnade über dem Ahnen Jesu Christi. Nach dem 2. Buch Samuelis.* Berlin: Evangelische Verlagsanstalt.

Kroner, R. (1965). *Philosophy and Christianity; Philosophical essays dedicated to Professor. Dr. Herman Dooyeweerd.* Kampen: J.H. Kok and Amsterdam: North-Holland Publishing Company.

Kuhn, T. S. (1962). *The Structure of Scientific Revolutions.* University of Chicago Press,

Kuiper, R. (2001). *Tot een voorbeeld zult gij blijven. Mr. G. Groen van Prinsterer (1801-1876).* Amsterdam: Buijten En Schipperheijn.

Kuyper, A. (1880). *Souvereiniteit in Eigen Kring.* Kruyt, 박태현 역, (2020). 『아브라함

카이퍼의 영역주권: 인간의 모든 삶에 미치는 하나님의 주권』. 서울: 다함.

Kuyper, A. (1880). *Ons Program*. Amsterdam: J. H. Kruyt. Harry Van Dyke (Ed.) *Our Program: A Christian Political Manifesto*. Bellingham, WA: Lexham Press. 손기화 역. (2018). 『아브라함 카이퍼의 정치 강령』. 서울: 새물결플러스.

_____. (1899). *Het Calvinisme: Zes Stone-lezingen*. Amsterdam/Pretoria: Höveker & Wormser. (1931). *Lectures on Calvinism*. Grand Rapids: Eerd-mans. 박태현 역. (2021). 『아브라함 카이퍼의 칼빈주의 강연: 문화 변혁의 기독교 세계관 선언서』. 서울: 다함.

Kuyper, A. (1902-04). *De Gemeene Gratie*, Vol. I-III. Kloosterman, N. D. Trans. (2015) *Common Grace: God's Gifts for a Fallen World*. Kloosterman, N. D. Trans. (2011) *Wisdom & Wonder: Common Grace in Science & Art*. Christian's Library Press. 임원주 역 (2017) 『일반 은혜: 타락한 세계를 향한 하나님의 선물』. 1권, 서울: 부흥과 개혁사.

_____. (1916-17). *Antirevolutionaire Staatkunde: met nadere toelichting op ons program*. 2 Delen, Kampen: J.H. Kok. 최용준, 임경근 역. (2023). 『반혁명 국가학』. 서울: 국제제자훈련원.

Langley. M. R. (1989). *Groen van Prinsterer (1801-1876)*. Potchefstroom: Potchefst-roomse Universiteit vir Christelike Hoër Onderwys.

Legerer, A. (2011). *Tatort: Versöhnung. Aktion Sühnezeichen in der BRD und in der DDR und Gedenkdienst in Österreich*. Leipzig: Evangelische Verlag-sanstalt.

Lewis, R. H. (2006). *Excellence without a soul: How a Great University Forgot Ed-ucation*. New York, NY: Public Affairs.

Locke, J. (1689). *Two Treatises of Government*. London.

Machiavelli, N. (1532). *Il Principe*. Firenze: Per Bernardo di Giunta.

Magdeburg und die Landkreise (2002). *Bördekreis, Jerichower Land, Ohrekreis und Schönebeck*. Scriptum, Magdeburg.

McGrath, A. (1991) *Johann Calvin*. Zürich: Benziger.

Motley, J. L. (1856). *The Rise of the Dutch Republic: A History*. New York: Harper & Brothers.

_____. (1874). *The Life and Death of John of Barneveld*. 2 Vols. New York:

Harper & Brothers.

Mulder, H. W. J. (1973). *Groen van Prinsterer staatsman en profeet*. Franeker: Wever.

Neue Zeit, 3. Juni 1950, S. 2 "Der Christ und die Verantwortung. Der traditionelle Kurmärkische Kirchentag in Potsdam."

Numbers, R. L. (2007). *Science and Christianity in pulpit and pew*. Oxford University Press.

Peacocke, A. R. ed. (1981). *The Sciences and Theology in the Twentieth Century*. Univ. of Notre Dame Press.

Polanyi, M. (1946). *Science, Faith, and Society*. Oxford: Oxford Univ. Press.

_____. (1958). *Personal Knowledge: Towards a Post-Critical Philosophy*. University of Chicago Press.

_____. (1964). *Science, Faith, and Society*. Oxford Univ. Press: 1946, reprinted by the University of Chicago Press.

Polkinghorne, J. C. (1994). *Science and Christian Belief: Theological Reflections of a Bottom-up Thinker*. SPCK Publishing; 1st ed.

_____. (1996). *Searching for Truth: Lenten Meditations on Science & Faith*. 이정배 역, (2003). 『진리를 찾아서』. 서울: KMC.

_____. (1998). *Science and Theology: An Introduction*. SPCK/Fortress Press.

_____. (2007). *One World: The Interaction of Science and Theology*. Templeton Foundation Press.

_____. (2008). *Quantum Physics and Theology: An Unexpected Kinship*. 현우식 역. (2009). 『양자물리학 그리고 기독교 신학』. 서울: 연세대출판부.

Pollard, W. G. (1961). *Physicist and Christian: A dialogue between the communities*. Seabury Press.

Rabe, K. K. (1983). *Umkehr in die Zukunft. Die Arbeit der Aktion Sühnezeichen Friedensdienste*, Bornheim-Merten: Lamuv-Verlag.

Reimann, A. (2006). NS-Verbrecher und Stasi: "Wer Nazi war, bestimmen wir!" In: *Spiegel Online*. 26. Januar 2006.

Rousseau, J. J. (1762). *Du Contract Social ou Principes du droit politique*. Amsterdam.

Russell, R. (2020). *Christian Philosophy Diagrams*. Bristol: All of Life Redeemed.

Schlebusch, J. A. (2018). *Strategic Narratives Groen van Prinsterer as Nine-teenth-Century Statesman-Historian*. Ph.D Dissertation. University of Groningen.

Schlebusch, J. A. (2020). "Democrat or traditionalist? The epistemology behind Groen van Prinsterer's notion of political authority" in *Journal for Christian Scholarship*. 56(3-4), 120-121.

Schutte, G. J. (1976). *Mr. G. Groen van Prinsterer*. Goes: Oosterbaan & Le Cointre. (2005). *Groen van Prinsterer: His Life and Work*. translated by Harry Van Dyke. Publisher's Imprint. Neerlandia, Alberta: Inheritance Publications.

Sire, J. *The Universe Next Door*. 김헌수 역, (2007). 『기독교 세계관과 현대사상』. 서울: IVP.

Skriver, A. (1962). *Aktion Sühnezeichen. Brücken über Blut und Asche*. Stuttgart: Kreuz-Verlag.

Smitskamp, H. & Colijn, H. (1945) *Wat heeft Groen van Prinsterer ons vandaag te zeggen?* Den Haag: D.A. Daamen's Uitgeversmaatschappij, N.V. Translated by Harman Boersema (2017). *Building a Nation on Rock or Sand: Groen Van Prinsterer for Today*. Belleville, Ontario: Guardian Books.

Snel, J. (2020). *De Zeven Levens van Abraham Kuyper: Portret van een Ongrijp-baar Staatsman*. Amsterdam: Prometheus.

Spruyt, H. (2002). "The Origins, Development, and Possible Decline of the Modern State". *Annual Review of Political Science*. 5 (1): 127–149.

Stace, W. T. (1952). *Time and Eternity: an Essay in the Philosophy of Religion*, Princeton University Press.

Stark, R. (2003). *For the glory of God: how monotheism led to reformations, science, witch-hunts and the end of slavery*. Princeton University Press.

Stellingwerff, J. (1992). *D.H.Th. Vollenhoven (1892-1978): reformator der wijsbe-geerte*. Baarn: Ten Have.

Torrance, T. F. (1969). *Theological Science*. Oxford: Oxford University Press

Van der Hoeven, J. (1987). "Matters of mission and transmission: On the Progress of Ecumenical-Reformational Thought", *Philosophia Reformata* 52, 137-138.

Van Dyke, H. (1989). *Groen van Prinsterer's Lectures on Unbelief and Revolution*. Jordan Station, ON: Wedge. It contains a translation (abridged) of Unbelief and Revolution at 293-539 as well as a sketch of Groen's life and time at 1-83.

_____. (2019). "Challenging the Spirit of Modernity: A Study of Groen van Prinsterer's Unbelief and Revolution", *Studies in Historical and Systematic Theology*. Bellingham, WA: Lexham Press.

Van Essen, J. L. (1979). "Groen van Prinsterer en zijn geschiedbeschouwing" *Bijbel en Wetenschap*. 4/23.

_____. (1982). "Groen van Prinsterer and his view of History", *The Westminster Theological Journal*. 44, 205-249.

Van Essen, J. L. & Morton, H. D. (1990). *Guillaume Groen van Prinsterer: Selected Studies*. Jordan Station, ON: Wedge.

Van Prinsterer, G.G. (1829). *Redevoering over de redenen om de geschiedenis der natie bekend te maken*. Brussels: Brest van Kempen.

_____. (1834). *Proeve over de middelen waardoor de waarheid wordt gekend en gestaafd*. Leiden: Luchtmans. The 2nd ed. (1858). Amsterdam: H. Höveker.

_____. (1835). *Archives ou correspondance inédite de la maison d'Orange-Nassau*. Leide: S. et J. Luchtmans.

_____. (1840). *Bijdrage tot herziening der Grondwet in Nederlandschen zin*. Leyden: S. en J. Luchtmans.

_____. (1846). *Handboek der geschiedenis van het vaderland*. Leiden: S. EN J. Luchtmans.

_____. (1847, 1868). *Unbelief and revolution: A series of Lectures in History*. Abridged and translated by Harry Van Dyke (1989, 2000). Jordan Station, ON: Wedge) and now republished by Lexham Press (2019).

_____. (1860). *Le parti anti-révolutionnaire et confessionnel dans l'Eglise Réformée des Pays-Bas - étude d'histoire contemporain*. Amsterdam: H. Höveker. Translated by Colin Wright (2015). *Christian Political*

Action in an Age of Revolution. Aalten: Word Bridge Publishing.

Van Prinsterer, G.G. (1864). *Vrijheid van christelijk nationaal onderwijs, in verband met scheiding van kerk en staat.* Amsterdam: H. Höveker.

_____. (1867). *La Prusse et les Pays-Bas. À mes amis de Berlin.* Amsterdam: H. Höveker.

_____. (1867). *L'empire prussien et l'apocalypse. À mes amis de Berlin.* Amsterdam: H. Höveker.

Van Prinsterer, G.G. (1875). *Maurice et Barnevelt: étude historique.* Utrecht: Kemink et fils.

Van Riessen, H. (1970). *Wijsbegeerte.* J. H. Kok.

_____. (1974). *Wat is filosoferen?* afscheidscollege Technische Hogeschool Delft, Delftse Universitaire Pers,

_____. (1981). *Hoe is wetenschap mogelijk?* afscheidscollege Vrije Universiteit,

_____. (1997). *The University and its basis: Studies in Christian Higher Education*, number 1. The ACHEA Press, Revised and edited by Keith Sewell for The Association for Christian Higher Education in Australia, Inc.

____. (1973). *De maatschappij der toekomst.* Franeker: T. Wever.

____. (1967). *Mondigheid en de machten.* Amsterdam: Buijten & Schipperheijn.

____. (1957). *The Society of the Future.* Philadlphia: P&R.

____. (1949). *Filosofie en Techniek.* Kampen: J. H. Kok.

Van Woudenberg, R. (1992). *Gelovend denken: Inleiding tot een christelijke filosofie.* Amsterdam: Buijten & Schipperheijn.

Vos, G. J. (1886-91). *Groen van Prinsterer en zijn tijd: studiën en schetsen op het gebied der vaderlandsche kerkgeschiedenis.* Dordrecht: Revers.

Wang, Y. (2021). "State-in-Society 2.0: Toward Fourth-Generation Theories of the State". *Comparative Politics.* 54: 175–198.

Weiß, K. (1998). *Lothar Kreyssig, Prophet der Versöhnung.* Gerlingen: Bleicher.

White, A. D. (2004). *A History of the Warfare of Science with Theology in Christendom*, Kessinger Publishing.

Willems, S. (1995). *Lothar Kreyssig: Vom eigenen verantwortlichen.* Berlin: Aktion

Sühnezeichen Friedensdienste.

www.juedische-allgemeine.de/unsere-woche/sie-waren-helden-2

www.asf-ev.de/ueber-uns/organisation/verein/kuratorium/ziele-und-leitsaetze/
ziele

www.oekumenezentrum-ekm.de

www.nordkirche.de/nachrichten/nachrichten-detail/nachricht/worte-des-
gedenkens-gedenkveranstaltung-fuer-die-opfer-der-euthanasie-und-
zwangssterilisierung-i

www.bundesregierung.de/breg-de/service/bulletin/rede-von-bundespraesident-
dr-frank-walter-steinmeier-1147280

allofliferedeemed.co.uk

www.allofliferedeemed.co.uk/groenvanprinsterer.htm

christelijkefilosofie.nl

forumc.nl

brill.com/view/journals/phir/84/2/23528230_084_02_s001_i0001.jpg

thinkfaith.net

www.researchgate.net/profile/Andrew-Basden/publication/266279899/figure/
tbl3/AS:669554795618304@1536645711017/Absolutization-of-Aspects-and-
Harm-that-Results.png

media.cntraveler.com/photos/57f66c4fed4dcfe84d3222a3/master/pass/
GettyImages-148274647.jpg 1.bp.blogspot.com/-hrLqdaqxyAg/
WiRmgPzxXeI/AAAAAAAAFo4/HTNcyZe_fKYprS3BCt94jaDykMSlkLjswC
LcBGAs/s1600/modal_aspects_4.jpg7